소쇄원(瀟灑園)의 숨은 그림 찾기

하나를 통해 전체를 안다

이 동 호 지음

전남대학교출판부

시작하며

저자는 농촌지역인 전남 담양 수북에서 나고 자라 초, 중학교를 그곳에서 졸업하였다. 어렸을 때부터 우리의 것들에 대해 익숙하고 관심이 있어서인지 문화유적과 수목화초 등을 대하는 것이 재미있어 자주 접했다. 그것이 인연이 되었는지 소쇄원에서 주인 아닌 주인 노릇을 하게 되었다. 겨울에는 제월당에서 여름에는 광풍각에서 십 수년을 묵고 드나들며 정자류, 원림에 얽힌 내용을 더듬어 보았다. 처음에는 조금 낯설던 것들이 점차 익숙해지고 정리가 되면서 조금씩 되뇌이기 시작하였다. 1980년대엔 사람의 발자국이 거의 눈에 들어오지 않았고 1990년대 초기에는 셀 수 있을 정도의 답사객들이 방문했는데 해를 거듭할수록 늘어나더니 몇 년 후에는 폭발적으로 늘어나 거의 인산인해요 사람에 칠 정도였다. 대략 일년에 200만명 정도의 답사객이 다녀가 우리나라 문화유적 면적당 답사객 수 1위를 차지하기도 했다. 저자는 이들을 대상으로 안내 강연 및 손님맞이를 주로 하였다. 3년 후쯤엔 앵무새 소리를 내더니 5년 후쯤엔 5살 아이처럼 한 줄 말이 나오고 7, 8년 후쯤 되니 비로소 내 소리가 나오기 시작하여 10년이 넘어가니 자신감이 생기고 여유롭고 편안함이 있었다. 그 후로는 자유자재로 응용까지 하면서 강연시간도 30분에서 한 시간 두 시간 며 칠도 계속 이어갈 수 있겠다는 생각이 들었다. 바로 이것이다. '몸으로 체득하는 것.' 머리로, 몇 권의 책으로 되는 것이 아니구나! 대략 헤아려보니 대통령부터 유치원 아이들, 외국의 대사, 영사, 교수,

기관장, 바이어, 작가, 해외관광객 등 수 천만명과 조우했고 강연횟수도 일만여회를 넘어섰다. 사람들로부터 많은 질문을 받았는데 그중에서도 '볼 것도 없는데 무엇이 유명합니까?' 라는 것이다. 이에 대한 답변이 아직도 계속되어야 한다는 현실이 안타깝지만 누군가는 답변해야할 질문이라고 생각되기에 부족한 내가 그 누군가가 되기를 자청하였다. 이는 소쇄원에 깃든 얼마 후 마냥 스쳐지나가는 답사객들의 길잡이를 누군가는 해야한다고 이구동성으로 말하면서 누군가에 자신만은 항상 예외라고 생각하여 같은 말만 되풀이 되기에 '우둔하면 용감하다.' 고 했던가? 내가 선뜻 나선 것과 같은 맥락이다. 유연한 사고와 심오한 의식과 폭넓은 체득이 21C형 인간에게는 그 무엇보다도 필요하고 중요하리라는 이야기를 하려다보니 잔소리가 되어버린 느낌이다. 돈도 안되고 밥도 안나오는데 '문화' 를 들먹인다고 조롱도 많이 받았는데... '21세기는 문화와 인본의 시대가 될 것이다.' '문화가 돈이 된다.' 라고 했더니 '미친놈' 이라고 하더라. 20대(代)에 차〔茶〕생활을 시작으로 문화유적 현장을 드나들다보니 어언 20년이 흘렀구나! 그 세월의 부스러기들을 한데 모아 여기에 풀어 놓으니 일독(一讀)한다면 마음의 때가 조금은 씻겨 내릴 듯 싶다. 게으름도 미덕이라며 차일피일하다가 이제는 나눌 때가 되었다는 생각에 붓을 들었는데 손 빠진 곳이 여기저기 눈에 들어온다. 독자제현의 관심과 애정어린 질책을 겸허한 마음으로 기다리겠다. 저보다 먼저 연구업적을 펴내 참고자료로 활용할 수 있도록 해주신 선학제현께 고마운 마음이 그지없습니다. 찾아뵙고 선구자적 노고에 고마운 마음을 표해야 도리인 줄 알지만 여러가지 사정으로 인하여 실행치 못한 점 혜량해주시면 감사하겠습니다. 부모님께 이 책을 드릴 수 있어서 기쁘고, 그 동안 나의 행보를 묵묵히 지켜봐 준 가족에게 지면을 통해 고마움을 전한다. 아울러 품격있는 문화세상을 이루기 위해 노고를 아끼지 않는 모든 분들과 보름달모임 회원님들 그리고 이 책이 세상에 나오기까지 노고를 아끼지않은 전남대학교 출판부 관계자분들께 머리숙여 감사드립니다.

檀紀 4343년 시월 보름밤에

西紀 2010년 11월 20일 보름밤에

이 동 호

차 례

1

소쇄원의 숨은 그림에서 가장 큰 밑그림 –

정암 조광조(靜庵 趙光祖)

정암 조광조의 유배 및 사약에 의한 죽음은
국가적, 개인적으로 큰 불행이었으나 비록 유배에 의한 것이지만
정암 조광조의 법통을 호남, 창평(현재는 전남 담양)이 이을 수
있었다는 것은 커다란 행운이라고 생각한다.

나는 우리나라 역사상 최고의 개혁가는
'정암 조광조'라고 한 치의 주저함도 없이 말한다.
국가와 민족을 향한 순수함은 백설(白雪) 그 자체였고
뜻한 바를 이루고자 하는 열정은 치열함의 극치였다.

기묘사화(己卯士禍)를 계기로 많은 학자선비들이 낙향(落鄕), 낙남(落南)하여 광주, 장성, 창평, 화순, 나주 등 요소요소에 정자류를 건립하고 은거하며 학문연마와 후학을 양성하였다. 당시 우리나라를 대표하는 대학자요 경세가인 정암 조광조의 유배 및 사약에 의한 죽음은 국가적, 개인적으로 큰 불행이었으나 비록 유배에 의한 것이지만 정암 조광조의 법통을 호남, 창평이 이을 수 있었다는 것은 커다란 행운이라고 생각한다. 정암 조광조의 유배 및 죽음을 계기로 호남의 학문사상과 기운이 융성의 대전기를 맞이했으며 소쇄원 건립 또한 이에 기인한다고 생각되기에 간략할지라도 정암 조광조에 대해 먼저 언급하고자 한다.

나는 우리나라 역사상 최고의 개혁가는 '정암 조광조' 라고 한 치의 주저함도 없이 말한다. 국가와 민족을 향한 순수함은 백설(白雪) 그 자체였고 뜻한 바를 이루고자 하는 열정은 치열함의 극치였다. 비록 우유부단한 군주와 사악한 무리들의 간교함에 가려 당시에는 실패한 듯 했으나 지금까지도 님의 품은 뜻이 전해지고 있지 않는가?

본관은 한양이며 조선 건국에 참여하여 좌찬성(종1품)을 역임한 조온이 고조부이다. 조선 성종 13년(1482년) 8월 10일에 부친 조원강(사헌부 감찰,종6품)과 모친 여흥 민씨 사이에 둘째로 태어났다. 17세에 평안도 희천에 유배중이던 한훤당 김굉필을 찾아가서 제자되기를 청하여 '소학' 과 '근사록' 으로 학문의 기틀을 굳건히 다졌다. 29세에 진사과에 응시하여 1등으로 합격하였고 중종 10년(1515년)에 성균관의 천거를 받아 '조지서 사지(造紙署 司紙,종6품)' 에 임명되었다. 곧바로 알성문과에 합격하여 '성균관 전적(典籍,정6품)' 으로 임명됨으로써 34세에 정치무대에 등장한다.

조광조의 정치철학의 단면과 정치행태의 주요 흐름을 이해하는데 도움이 되겠기에 알성시(謁聖試)-국왕이 공자를 모시는 대성전에 참배할 때 성균관 유생들에게 행한 과거시험-대책문을 소개한다.

중종은 공자가 자신이 등용된다면 3년 이내에 정치의 실효를 거둘 수 있다고 하였는데 어떠한 방식으로 행하였으며 괄목할만한 결과가 있었겠는가? 그리고 자신이 즉위한 지 10년이 지났건만 나라의 기강과 법도가 바로서지 못한 까닭은 무엇이며 이상

정치를 현실에 구현하기 위한 방책을 물었다. 이에 대해 조광조는 다음과 같이 답변을 한다.

하늘과 사람은 근본이 하나이며 하늘의 이치가 사람들에게 없었던 적이 없습니다. 임금과 백성도 근본은 하나이기에 임금의 도가 백성들에게 없었던 적이 없습니다.

그러므로 옛 성인들은 천지의 큰 것으로써 만백성을 하나로 삼고 그 이치를 보고 도리에 따라 대처했습니다. 이치로써 보기 때문에 천지의 뜻을 짊어질 수 있고 신묘하고 밝은 덕에 통달할 수 있었습니다. 도리로써 대처하기 때문에 정밀하고 거친 사물의 몸체를 조화시키고 인륜의 절차를 이끌어 갔습니다. 이러하니 옳은 것은 옳고 그른 것은 그르며 착한 것은 착하고 악한 것은 악하다고 하는 것이 내 마음에서 벗어나지 못하게 되었습니다. 천하의 일이 모두 바른 이치를 얻고 천하의 사물이 모두 평안함을 얻으니 이것이 만가지 교화가 서는 것이요 다스리는 도리가 이루어지는 까닭입니다. 그렇다해도 도리는 마음이 아니면 의지할 데가 없고 마음은 정성스러움이 없으면 믿고 행할 수가 없습니다. 임금이 진실로 하늘의 이치를 살펴 도리에 따라 일을 처리하고 정성스러운 마음으로 백성을 보살핀다면 나라를 다스리는데 무슨 어려움이 있겠습니까?

공손히 생각하건데 전하께서는 하늘의 굳세고 꿋꿋한 덕과 땅의 순한 덕을 갖추시고서 쉬지 않고 노력하셨으므로 정치를 베푸시는 마음이 정성스럽고 다스리는 도리가 섰는데도 불구하고 오히려 기강이 아직도 서지 못하고 법도가 정해지지 않았음을 걱정하십니다. 때문에 옛 성현들을 알현하기 위하여 성균관에 행차하신 길에 저희들에게 강구하여 바치게 하시면서 옛 성인들의 업적을 내세우고 나아가 옛 성인들이 이루었던 정치를 오늘에 재현코자 하시니 신이 이를 올리고자 하던 바에 어찌 감히 부족한 생각이나마 정성을 다하여 높으신 물음에 대답해 드리지 않겠습니까?

신이 임금님의 책문에서 말씀하신 '공자 말씀에 만일 나를 써 주는 자가 있다면' 부분을 삼가 읽어보니 대개 한 사람으로 천만인에게까지 이르는 것이 많지 않은 것이 아니며 한 가지 일에서 천만가지 일까지 해야하니 번거롭지 않은 것이 아니옵니다. 그러나 심(心)과 도(道)는 두 가지 사이에서 하나 아닌 것이 없고 천만가지 사람과 일은 비록 다르지만 그 심과 도가 하나로 될 수 있는 것은 하늘이 한 이치에 근본하였기 때문입니다. 그러므로 천하를 함께 할 수 있는 도로써 나와 하나가 될 수 있는 사람을 인도하고 천하를 함께 할 수 있는 마음으로써 나와 하나가 될 수 있는 마음을 감동시키면 내 마음의 정당함에 감화되어서 감히 바른길에 같게 하지 아니할 수가 없을 것이요 이를 이끌어서 내 도에 인도하면 천하의 사람들은 내 도의 큼을 좋게 여겨 선한 곳으로 돌아가지 않을 수가 없을 것입니다. 돌이켜보면 나의 도와 마음이 성실한가 성실치 못한가에 따라서 정치가 다스려지고 어지러워짐이 구분되는 것입니다.

공자의 도는 천지의 도이며 마음은 천지의 마음입니다. 천지의 도와 만물의 허다한 것들은 모두 이 도를 따라서 이루어지지 않는 것이 없고 천지의 마음과 음양의 감응도 또한 이 마음으로 조화되지 않는 것이 없습니다. 음양이 조화되고 만물이 이루어진 뒤에야 한 물건이라도 그 사이에서 성취되지 아니하는 것이 없으며 바르고 뚜렷하게 분별되는 것이거늘 하물며 공자께서는 이것을 인도하기를 본래가지고 있는 도로써 하시기 때문에 효과를 얻기가 쉽고 이들을 감동시키기를 본래 가지고 있는 마음으로 하기 때문에 그 효험을 얻기가 쉽지 않겠습니까? 이것으로 말한다면 '한 달이라도 좋다.', '삼년이면 이룰 수 있다.'는 것이 어찌 공연한 말씀으로 진실이 없는 것이겠습니까? 그 규모와 베푸는 방법으로 말하면 반드시 먼저 정한 것이 있습니다. 무엇으로 말하느냐 하면 도 밖에 물건이 없고 마음 밖에 일이 없으니 그 마음을 지니고 그 도를 펴 나가면 인(仁)이 되어 하늘의 봄 기운과 같이 만물을 인으로 길러내는데 이를 것이며 의(義)가 되어 하늘의 가을 기운과도 같이 만민을 의로 바르게 하는 데 이를 것입니다. 예(禮)와 지(智)도 또한 천리(天理)에 극진하지 않음이 없게 되어서 인의예지(仁義禮智)의 도가 천하에 서게 되면 국정을 하는 규모와 시설이 더할 것이 있겠습니까?

세상은 성하고 쇠하는 차이가 있으되 도는 옛날과 지금이 차이가 없습니다. 주나라의 말기를 당하여 기강과 법도가 비록 무너졌지만 하늘의 뜻으로 하여금 주나라의 덕을 싫어하지 아니하여 공자님의 도를 이끌어서 이것을 국정에 실시하여 예로써 백성의 뜻을 인도하고 악(樂)으로써 백성의 기를 순화하고 정치로써 행동을 통치하니 정치와 교화가 크게 이루어지고 천지가 장차 밝아지며 화기가 교감하여 음양을 불어내어 초목이 무성할 것입니다. 그리고 이미 실행한 실적으로 보면 삼개월의 정치로도 길에 다니는 자가 길을 양보하고 남녀가 길을 달리하는 아름다운 것으로서 일컬을 만한 것이 있으나 이것은 진실로 공자님의 대도가 되지 못하고 주역을 해설하시고 춘추를 수정하신 일은 만세를 두고 천지가 다하도록 대법과 대교로서 다른 것과 바꿀 수 없는 도입니다. 공자가 비록 살아계실 때에는 세상을 다스릴 지위에 나아가지 못했지만 그 이후 모든 시대가 공자의 가르침을 의지하고 본받아 나라를 다스리게 되었으니 진실로 요순의 공과 같다고 하겠습니다. 후세에 공자의 가르침이 천하에 우뚝 서지 못하였다면 요순의 도 또한 영원히 전해지지 않았을 것이며 정치도 회복될 수 없었을 것입니다. 그러므로 일을 잘 관찰하는 자는 나타난 자취를 보는 것이 아니라 자취가 없는 자취에게서 관찰하는 것입니다. 천하의 일은 근본이 없지 아니하고 끝이 없지도 아니하니 근본을 바로한다는 것은 멀고 늦은 것 같으나 힘이 되기가 쉽고 끝을 찾는 것은 절실하고 극진한 것 같으나 공이 되기가 어렵습니다.

공손히 생각하옵건대, 주상전하께옵서는 지극히 정성스러운 마음으로 낮과 밤을 가리지 않으시고 요순의 정치를 어떻게 하면 이룰까? 요순시대의 풍속을 어떻게 하면 일으킬 수 있을까? 숙고하시어, 백성이 한 사람이라도 헐벗은 사람이 있으면 이들을 따뜻하게 해 주실 것을 생각하시고, 한 사람이라도 착하지 못한 자가 있으면 이들을 착하게 할 것을 생각하셔서, 동방의 우리나라를 태평한 지역으로 올리고자 하신지가 지금 십년이나 되었사옵니다. 하지만 기강이 서지 않은 바가 있고 법도가 정하지 못한 것이 있는 것은, 성상의 다스림을 구하려는 마음이 성의를 다하지 아니해서 그런 것이 아니오라 필시 그 근본을 얻지 못해서 그런 것이옵니다. 또한 이른바 근본이란 것이, 도는 곧 정치를 펴 나가는 원인이 되고, 마음은 정치를 펴나가는 근본이 되고, 정성은 또한 도를 행하는 요점이 되는 것이 아니겠습니까?

무릇 도라는 것은 하늘에 근본하였으되 사람에게 의지하고, 일하는 사이에 행하여 치국하는 방법이 되고 있습니다. 그러므로 나라를 경영 하면서 그 도를 얻으면 기강을 힘써서 정하지 않더라도 사람들이 듣지 못하는 곳에 정하게 됩니다. 만일 특별히 기강을 만들어서 정사의 말단만 가지고 세우거나, 법도를 만들어서 문서도구의 말단만 가지고 정한다면, 이른바 '기강(紀綱), 법도(法度)' 란 것은 일찍이 서지 못할 것이오, 세운 것은 나라를 다스리는 체통에 도리어 해가 있을 것입니다. 왜냐하면 그 근본은 서지 않았는데 오직 말단만을 추종해서 그 도를 얻지 못한 까닭입니다.

그러므로 옛적의 밝은 임금은 천변만화(千變萬化)함이 하나도 인군의 마음에 근본하지 않는 것이 없다는 것을 알아서 그 마음을 바르게 해서 그 도를 펴지 않는 이가 없습니다. 그 마음을 바르게 하고 그 도를 펴기 때문에, 정치를 함에 인(仁)을 얻게 되고 만물을 처리함에 의(義)를 얻게 되어서 사물(事物)마다 하나도 도에서 나오지 않는 것이 없어서, 부자(父子)의 윤리와 군신의 구분이 각각 그 이치를 얻게 되고, 하늘과 땅의 경륜(經綸)도 또한 귀결하게 되었사오니 이것이 요, 순, 우께서 중용의 도를 잡았던 방법입니다. 엎드려 바라옵건대 전하께서는 정사와 문서 도구의 말단으로써 기강과 법도를 삼지 마시고, 한 마음의 묘용(妙用)으로써 기강과 법도의 근본을 삼으셔서 이 마음의 본체로 하여금 광명정대하고 두루 통달해서 천지로 더불어 그 체를 같이하고 그 사용을 크게 하시면 날마다 실시하시는 정사들이 모두가 도의 운용이 되고 기강과 법도는 족히 세우지 않아도 서게 되옵니다.

비록 그러하오나, 그 정성이 있은 연후에야 그 마음의 도가 바른 곳을 알고 굳게 지키게 되어 마침내 그 이룸을 보게 될 것이옵니다. 자사(子思, 공자의 손자)께서 말씀하시기를 '성실하지 못하면 사물도 없다.' 하셨으니, 성이란 것은 기강의 근본이 서게 되면 성실하지 않은 것이 없는 것이옵니다. 천지의 이치는 지극히 성실해서 한 번 숨쉬는 사이라도 잘못 됨이 없기 때문에 예로부터 지금에 이르기까지 한 물건도 성실하지 않은 것이 없고, 성인의 마음도 또한 지극히 성실해서 한 번 숨쉬는 사이라도 잘못 됨이 없으셨기 때문에 처음부터 끝까지 한 일도 성실하지 않은 것이 없었습니다. 그러므로 모든 일이 마음에서 나오는 것은 반드시 이 마음의 성실이 있고 시행하는 정치도 성실하지 않은 것이 없어서 기강이 서게 되어 구차하지 않고, 법도가 정해져서문서의 도구로 되지 않았사옵니다. 전하께옵서 만일 정사의 말단으로써 기강과 법도의 방법을 삼으시고 한 마음의 묘용과 지극한 정성의 도로써 도리어 주의가 부족하고 더디게 여겨서 심법(心法)에 힘쓰지 않으시면 이는 산에서 물을 구하고 물에서 나무를 구하는 것이오니 마침내 그 털끝만한 효험도 보지 못하실 것입니다. 이것이 기강의 대본(大本)이며 대법(大法)이옵니다.

법도가 대강 정해지는 것과 기강이 대강 서게 되는 것은 일찍이 대신을 공경하고 그 정치를 맡기는 데 있지 않은 것이 없사옵니다. 인군은 일찍이 혼자서 다스리지 못하고 반드시 대신에게 맡긴 뒤에 다스리는 도가 서게 됩니다. 인군이란 것은 하늘과 같고 신하란 것은 사시(四時)와 같으니 하늘이 스스로 행함에 사시의 운용이 없으면 만물이 이루어지지 못하고 인군이 자임(自任)하고 대신의 도움이 없으면 모든 교화가 일어나지 못하옵니다. 다만 일어나지 못하고 이루어지지 못할 뿐만 아니오라, 하늘이 스스로 행하고 인군이 스스로 맡아서 한다면 하늘이 되고 인군이 되는 도를 크게 잃게 되는 것입니다.

그리고 또 이미 대신의 자리를 마련해서 그들을 부리는데 겨우 문서만을 봉행하는 것으로써 직업을 삼게 하고, 또한 아래 신하들이 살피는 것을 믿어서 방치하게 되면 위로는 인군이 신하를 부리는 도를 얻지 못하고 아래로는 신하가 인군 섬기는 방법을 얻지 못해서 군신의 도를 잃게 되는 것입니다. 그러므로 옛적의 성군과 어진 정승들은 반드시 성의로 서로 믿어서 상하가 모두 그 도를 다해서 함께 광명정대한 대업을 이룰 수가 있었사옵니다. 엎드려 원하옵건대, 전하께서는 대신을 존경해서 그 정치를 맡기시고 그 기강을 대강 세우고 그 법도를 대강 정하셔서, 후일에 큰 근본이 서고 큰 법도가 행해질 수 있는 기반을 이루시옵소서.

신이 임금님의 책문에 말씀하신 '공자를 배운 자들은 말하기를 다하여라.' 에 대하여, 황무한 말학(末學)이 어찌 족히 알겠습니까마는 공자께서 국정을 하시는 것은 '근독(謹獨)' –홀로 있을 때 삼가고 조심함–에 지나지 않을 따름이오니, 삼가 도를 밝히는 것과 '근독'의 두 가지 일을 가지고 전하를 위하여 말씀 드리겠습니다.

나라를 다스리는 것은 도(道) 뿐이요, 이른바 도라는 것은 성품을 따르는 것을 말합니다. 대개 성품은 있지 않은 곳이 없기 때문에 도 또한 있지 않은 곳이 없습니다. 크게는 예악형정(禮樂刑政)과 작게는 제도 문화사업이 인력을 빌지 아니하고서도, 각각 당연한 이치가 있지 않은 것이 없사온데, 이것이 곧 고금의 제왕들이 다같이 실천하며 정치를 하시던 것으로 하늘과 땅에 가득채워 막고 예와 지금을 관철하신 것이로되 실은 일찍이 내 마음의 안에서 벗어나지 않사옵니다. 이것을 따르면 나라가 다스려지고 이것을 잊으면 나라가 어지러워지기 때문에 잠깐 사이라도 가히 떠날 수가 없습니다. 이러하므로 이 도의 본체로 하여금 생각하고 보는 사이에 요연하게 밝아지게 하여 감히 잠시라도 밝지 못한 것을 그대로 두어서는 안되옵니다.

그러나 사람의 정은 언제나 나타나는 곳에서는 조심하고 은밀한 곳에서는 소홀하지 않을 수 없사온데, 그윽하고 은밀한 곳은 곧 여러 신하들이 보지 못하는 곳으로서 자기만이 홀로 보는 바이옵고, 미세한 일도 여러 신하들이 듣지 못하는 곳으로서 자기만이 홀로 아는 바인데, 이것은 모두 인정을 소홀히 하는 바로서 하늘을 속이고 사람을 속일 수 있어서 반드시 삼가지 않아도 되는 것으로 여기는 것이옵니다. 이러한 마음을 가지고서 오래도록 감추고 숨겨두면, 그 용모에 나타나고 정사를 베푸는 즈음에 발표되어 반드시 드러나서 가리울 수 없는 것이 있고 마침내 정치를 훼손하고 교화를 해치는 데 이르나이다.

그러므로 옛적의 제왕들은 이미 이 도를 경계하고 조심해서 항상 밝혀 혼미하지 않게 하면서도 특히 이 그윽하고 은밀한 곳에서 더욱 삼가기를 극진히 하였사옵니다. 반드시 기미가 보이는 시초로 하여금 일호라도 사악과 거짓의 싹이 없고 순수하게 의리가 발현되게 하면, 나라를 다스리는 도가 진선진미(盡善盡美)할 것이오니 이것이 바로 기강이 선 것이고 법도가 정해진 바 이옵니다.

엎드려 바라옵건대 전하께서는 정말로 도를 밝히고 홀로 있는 때를 조심하는 것으로써 마음을 다스리는 요점으로 삼으시고, 그 도를 조정의 위에 세우시면 기강은 어렵게 세우지 않더라도 서지고, 법도는 어렵게 정하지 않더라도 정해질 것입니다. 그런즉 공자께서 말씀하신 '석달 만이라도 가하다는 것과 삼년이면 이룬다.' 는 것이 또한 여기에 있지 않은 것이 없을 것이옵니다. 신이 천위(天威)의 두려움을 무릅쓰고 감격하고 간절함이 지극함을 이기지 못하며 삼가 죽음을 무릅쓰고 대답하나이다.

謁聖試策

王若曰 孔子曰 如有用我者 期月而已 可也 三年有成 聖人豈徒言哉 其規模設施之方必有先定於未行之前者 其可指而歷言之歟 當衰周之末 紀綱法度 皆已頹圮而夫子猶以爲三年有成 若過三年 則其治效 當如何耶 亦有可觀其已行之跡者歟 聖人過化存神之妙未易容議 予以寡德 承祖宗丕基 臨政願治 于今十年 而紀綱有所未立 法度有所未定 如此而求有成之效 豈不難哉 諸生 學孔子者 皆有堯舜君民之志 不止於有成而已 當今之時如欲致隆古之治 何者爲先務 其言之以悉

臣對 天與人 本乎一 而天未嘗無其理於人 君與民 本乎一 而君未嘗無其道於民 故古之聖人 以天地之大 兆民之衆爲一已 而觀其理而處其道 觀之以理 故負天地之情 達神明之德 處之以道 故凝精粗之體 領彝倫之節 是以 是是非非 善善惡惡 無所得逃於吾之心而天下之事 皆得其理 天下之物 皆得其平 此萬化之所以立 治道之所以成也 雖然 道非心 無所依而立 心非誠 亦無所賴而行 爲人主者 苟以觀天理而處其道 由其誠而行其事於爲國乎何難 恭惟主上殿下 以乾健坤順之德 孜孜不息 出治之心旣誠 爲治之道已立 猶慮夫紀綱有所未立 法度有所未定 其於尊禮先聖之餘 進策臣等于泮宮 先之以先聖之事遂及欲復隆古之治 此臣所願陳者 敢不罄竭卑懷 以塞淸問之萬一 臣伏讀聖策曰 孔子曰如有用我者 止未易容議 夫一人而至於千萬人 不爲不多矣 夫一事而至於千萬事 不爲不煩矣 然而所謂心所謂道者 未嘗不一於其間 而千萬人事之雖殊 而其道心之所以爲一者天本一理而已 故以共天下之道 導與我爲一之人 以共天下之心 感與我爲一之心 感之而化其心 則天下之心 化於吾心之正 莫敢不一於正 導之而導於吾道 則天下之人 善於吾道之大 莫敢不歸於善 顧吾之道與心誠未誠如何 而治亂分矣 夫子之道 天地之道也 夫子之

心 天地之心也 天地之道 萬物之多 莫不從此道而遂 天地之心 陰陽之感 亦莫不由此心而和 陰陽和 萬物遂而後 無一物不成就於其間 而井井焉有別 況夫子導之以本有之道 而易得其效 感之以本有之心 而易得其驗歟 以此而言之 則期月之可 三年之成 豈徒言而無實哉 其規模設施之方 則亦必有先定者 何以言之 道外無物 心外無事 存其心 出其道 則爲仁而至於天之春 而仁育萬物 爲義而至於天之秋 而義正萬民 禮智亦莫不極乎天 而仁義禮智之道 立乎天下 則爲國之規模設施 何有加於此耶 嗚呼 世有盛衰之殊 而道無古今之異 當周之末 紀綱法度 雖已頹圮而使天之意 未厭乎周德 而援夫子之道 而行之於邦禮以導其民志 樂以和其民氣 政以一其行 則政化大擧 而天地將昭焉而訢合 陰陽煦 草木茂矣 且其已行之跡 則雖有三月之治 而行者讓路 男女異道之盛美之可稱 而此固未始爲夫子之大道也 其贊周易修春秋之數事 實萬世窮天地之大法大敎 而不易之道也 夫子雖不得其位於當世 而萬世之所依式而爲治者 實同堯舜之功也 後世而苟無夫子之敎立於天下 則堯舜之道 不得傳永於後世 而堯舜之治 無由而復矣 故善觀事者 不觀於顯然之跡而觀於不跡之跡 此所謂過化存神 而未易容議者也 臣伏讀聖策曰 予以寡德 止豈不難哉 天下之事 未嘗無本 而亦未嘗無末 正其本者 雖若迂緩 而實易爲力 捄其末者 雖若切至而實難爲功 是以 善論治者 必先明本末之所在 而先正其本 本正 則末之不治 非所憂矣 恭惟主上殿下 以至誠之心 夙夜不怠 唐虞之治 何以而致也 唐虞之俗 何以而興也 民有一有不衣者 思所以溫之 一有不善者 思所以善之 欲躋東方於泰和之域者 于今十年于玆矣 紀綱有所未立 法度有所未定 豈聖上求治之心 未盡誠而然也 必也未得其本者歟 且所謂本者 豈非道乃出治之由 心爲出治之本 而誠亦行道之要也 夫道也者 本乎天 而依之於人 行之於事爲之間 以爲治國之方也 故爲國而得其道焉 紀綱未爲力立 而立於人所不見之間 法度未爲力定 而定於人所不聞之地 若別以爲紀綱 而以政事之末而立之 別以爲法度 而以文具之末而定之 則所謂紀綱法度者 未嘗有立 而所立反有傷於治國之體矣 何者其本未立 惟末之從 而未得其道也 故古之明王 以知千變萬化之無一不本於人主之心者莫不正其心而出其道也 正其心而出其道也 故爲政而仁得焉 處物而義得焉 事事物物 無一不出於道 而父子之倫 君臣之分 各得其理 天之經 地之綸 亦有所歸焉 此堯, 舜, 禹

執中之道也 伏願殿下 不以政事文具之末 爲紀綱法度 而以一心之妙 爲紀綱法度之本 使此心之體 光明正大 周流通達 與天地同其體 而大其用 則日用政事之際 皆爲道之用 而紀綱法度 不足立而立矣 雖然 有其誠而後 其心之道 立於貞固 終見其成也 子思子曰 不誠 無物 誠者 所以紀綱之本之立 而無不實者也 天地之理 至實而無一息之妄 故自古至今 無一物之不實 聖人之心 亦至實而無一息之妄 故自始至終 無一事之不實 故凡事之出於心者 必有是心之實 而所行之政 無有不實 而紀綱有所立 而不爲苟且 法度有所定 而不爲文具矣 殿下若以政事之末 爲紀綱法度之方 以一心之妙 至誠之道 反以爲迂緩 而不勤乎心法 則是求水於山 而求木於水也 終未見其絲毫之驗矣 此紀綱之大本也 大法也 若法度之所以粗定 紀綱之所以粗立者 未嘗不在乎敬大臣而任其政也 君未嘗獨治 而必任大臣而後 治道立焉 君者如天 而臣者四時也 天而自行 而無四時之運 則萬物不遂 君而自任 而無大臣之輔 則萬化不興焉 非徒不興不遂而已 天而自行 君而自任 則大失爲天爲君之道 且旣置之以大臣之位 而使之姑以奉行文書爲職業 又恃小臣之察以防之 則上而君不得使臣之道 下而臣不得事上之方 而君臣之道缺矣 故古之聖君賢相 必誠意交孚 兩盡其道 而可以共成正大光明之業矣 伏願殿下 姑以敬大臣而任其政 粗立其紀綱 粗定其法度 以基後日大本之立 大法之行也 臣伏讀聖策曰 諸生 學孔子者 止其言之以悉 臣荒蕪末學 何足以知之 夫子之所以爲邦 不過曰明道而已 所以爲學 不過曰謹獨而已 謹以明道謹獨二事 爲殿下獻焉 所以治國者 道而已 所謂道者 率性之謂也 蓋性無不有 故道無不在 大而禮樂刑政 小而制度文爲 不假人力之爲 而莫不各有當然之理 是乃古今帝王所共由爲治 而充塞天地 貫徹古今 而實未嘗外乎吾心之內 循之則國治 失之則國亂 不可須臾之可離也 是以 使其此道之體 瞭然於心目之間 不敢有須臾之不明也 然人之情 未嘗不愼於顯而忽於微也 幽隱之間 乃群臣之所不見 而己所獨見 微細之事 群臣之所不聞 而己所獨知 是皆人情之所忽 而以爲可以欺天罔人 不必謹者也 旣有是心而藏伏之久 其見於容貌之間 發於政事施爲之際 必有暴著而不可掩者 終至於毁政傷化 故古昔帝王 旣戒懼乎此道 而常明不昧 而於此幽隱之中 尤致其謹焉 必使幾微之際 無一毫邪僞之萌 而純乎義理之發 則治國之道 盡善全美 此紀綱之所以立 法度之所以定也 伏願殿下 誠以明道謹

獨 爲治心之要 而立其道於朝廷之上 則紀綱不難立而立 法度不難定而定矣 然則夫子三月之可 三年之成 亦無不在乎是矣 臣干冒天威 不勝激切之至 謹昧死以對

조광조는 대책을 묻는 중종에게 정치의 유교이념적 방향을 분명히 제시하고 그 이념이 요구하는 대로 실천하며 살아야 한다고 강력히 권고하였다. 또한 과거급제 이후 자신의 이상을 실현하기 위해 끊임없이 치열한 노력을 경주하였다. 그러나 그의 이상에 비춰볼 때 끊임없는 절충과 타협으로 체제를 이끌어가는 현실정치 및 시대상황은 메우기 힘든 괴리가 있었기에 갈등의 폭발은 예견된 것이라 할 수도 있을 것이다.

2

호남정신문화의 강렬한 빛으로 투영된 소쇄원의 밑그림 –

목숨을 내걸고 개혁을 실천한 정암 조광조의 정신과 학문

소격서 폐지

현량과 실시

여악 폐지

향약실시

정국공신의 개정 등

(1) 소격서 폐지

중국에서 발생한 도교에서 유래하여 고려 예종 때 신격전, 조선 초에 소격전, 조선 세조 때 소격서로 바뀌어 존속한 관청이다. 하늘과 산천, 별자리 등에 제사를 지내고 왕실의 평안과 가뭄 극복 및 기복을 위해 공을 들이기도 한 곳이다. 십 여명의 관원이 상주하였으며 인건비 및 제수 비용 등의 상당한 지출과, 유교를 국시로 삼는 조선의 국가 이념과 배치로 인해 소격서 폐지가 종종 거론되었다.

중종은 소격서 폐지를 위한 상소문이 연이어 올라오자 선대부터 이어온 관청이라는 등 여러 가지 이유를 말하며 폐지에 반대하였다. 이에 조광조는 상당수의 신하들을 대신하고 평소의 언행을 앞세워 예문관 소속의 조언경과 함께 밤중까지 농성을 함으로써 임금의 마음을 돌려 결국 임금이 소격서를 폐지하였다.

(2) 현량과(천거과)의 실시

조선시대에는 과거를 통하여 인재를 등용하는 것을 원칙으로 삼았으나 결코 만족스럽지는 않았다. 숫적으로도 부족했지만 인격과 업무능력을 고루 갖춘 인재라고 생각되는 사람은 많지 않았기 때문이다. 과거 제도의 문제점을 보완하여 유능한 인재를 얻고자 하는 노력은 여러 차례 거론되었고 시행되기도 하였다. 초야에 숨어있는 인재를 중앙이나 지방의 관원들에게 천거하도록 하여 관직을 주는 제도가 대표적인 예라고 할 수 있다.

그러나 학문, 행실, 효성 등을 주된 기준으로 삼는 천거제는 과거제를 중시하는 조정의 인습과 행태로 인해 천거된 인재의 대우를 소홀히 하였다. 실상이 이러했으니 천거제는 훌륭한 학문과 행실이 있는 자를 조정은 중시한다는 지극히 의례적이고 상징적인 수준에 지나지 않았다.

중종 13년 3월 11일의 경연에서 참찬관 이자는 '지방에 있는 어진 사람을 천거하여 올려도 과거를 거친 사람과 대우를 달리하니 그 사람들이 계속 관직에 있지 않으려 한다' 고 왕에게 아뢰었다. 이를 듣고 있던 조광조가 태도를 가다듬고 공손히 왕에게 다음과 같이 아뢰었다.

'지방의 경우는 감사와 수령이, 중앙은 홍문관, 6조, 대간이 모두 함께 재능과 행실을 보고 임용할 만한 사람을 천거하여 대궐의 뜰에서 모아 친히 대책(對策)으로 시험을 보이시면 인물을 많이 얻을 수 있을 것입니다. 이는 조종께서 하지 않던 일로 한나라의 현량방정과(賢良方正科)의 뜻을 이은 것입니다. 덕행은 여러 사람들이 복수로 천거하는 바이므로 반드시 헛되거나 잘못되지 않을 것이고, 대책으로 그 당사자가 하려는 앞으로의 방법을 알게 될 것이니 두 가지 모두 손실이 없을 것이옵니다'.

이에 대해 왕은 '참으로 좋은 생각이로다. 그러나 천거에 혹 빠지는 사람이 있을까 염려스럽다'.라고 화답하였다. 이때 남곤을 중심으로 보수파의 반대는 적지 않았다. 찬성과 반대의 이견이 팽팽하고 시일이 기약없이 지체되자 천거제에 호의를 보이던 왕이 마침내 '시행해도 무방할 것이니 이를 속히 시행하도록 하라'.는 전교를 내린다. 이어 시행에 따른 기술적인 문제에 대하여 많은 논의 끝에 천거의 절차가 확정되었다.

이에 의하면 중앙에서는 성균관, 예문관, 교서관, 승문원에서 천거하는 길이 있다. 대상은 아직 관직이 없는 일반 유생이나 이미 관원으로 근무하는 사람을 막론하고 덕행과 지식을 갖춘 사람으로 인정받을 수 있는 자다. 이 네 곳에서 천거한 인물들은 모두 성균관으로 보고되고 성균관에서는 이들의 명단과 천거 사유를 적어 예조로 올린다. 이 밖에 중추부, 6조, 한성부, 홍문관에서도 적합한 인재가 있으면 예조로 천거할 수 있다. 지방에서는 유향소가 수령에게 천거하면 수령은 관찰사에게 보고하고 관찰사는 인물을 심사하여 예조로 올리는 형식을 취한다. 예조에서는 중앙과 지방에서 천거된 인물들을 모두 취합하여 그들의 인적사항과 천거 사유 등을 적어 의정부로 올리면 이후 대궐의 뜰에서 책시를 거쳐 임명되는 것이다.

현량과의 실시로 양과 질적인 면에서 개혁신진세력의 강화를 가져왔으나 조광조의 본래 의도에서 볼 때 일부를 실현한 것에 지나지 않는다. 그는 신분을 가리지 않고 능력있는 인재라면 누구나 등용할 것을 목표로 삼았다.

천거과의 도입을 공식적으로 발의하던 날에 다음과 같은 말을 했던 것이다. '우리나라는 땅이 작아 본래 인물이 적은데다가 또 서얼과 사천(私賤)을 분별하여 그들은 쓰지 않습니다. 중국에서는 귀천(貴賤)을 가리지 않고 오직 고루 쓰지 못함을 걱정하는데 하물며 작은 우리나라에서는 말하여 무엇하겠습니까?' 말하자면 양반, 상민, 천인, 첩의 자식을 가리지 말고 인격과 능력을 갖추었다면 과감하게 천거의 대상으로 삼자는 것이 그의 본래 의도인 것이다. 그러나 현실의 장벽은 너무나 높아 어쩔 수 없이 천거 대상을 양반 계층에 국한시킨 것으로 판단된다. 신분 철폐를 주장하는 그의 논의 때문인지 파격적인 일화가 있다. 남다른 인격과 식견을 지닌 피장(皮匠, 일명:갖바치)과 가까이 지내던 중에 조광조는 그에게 관직을 주선하고자 했으나 그는 사양한 후 이름도 남기지 않은 채 자취를 감추었다고 한다.

(3) 여악(女樂) 폐지

남녀간의 윤리가 엄격히 이루어지고 삼강오륜 등의 예절이 제대로 지켜지는 도덕사회의 실현은 유교의 이상이며 조광조가 바라는 이상적인 사회였다. 조선조에서 오랫동안 개혁의 문제로 대두되었던 것중의 하나가 여악이다. 궁중 연회석상의 일만이 아니라 지방의 경우 남녀간의 불건전한 관계로 이어지는 폐단이 있었기 때문이다. 여악의 폐지에 대해 조광조는 지방의 기녀들을 없애는 것에 예외적 동의를 한다. 국경지대를 지키는 장병들에 대해서는 직업적인 여자들의 존재가 불가피하다는 것이다.

왕도 여악의 폐지에 찬성하였으므로 지방에서는 여악이 얼마되지 않아 폐지됨으로써 구시대의 음란한 풍습은 어느 정도 개선된 것으로 보인다. 그러나 궁중에서는 여악이 철폐되지는 않았으나 절제되었으며 왕의 모후를 위한 잔치에서는 사라진 것 같다.

(4) 향약(鄕約) 실시

향약은 동리(洞里) 사람들의 생활규범인데 여기서는 주자에 의해서 만들어진 증손여씨향약을 가리키며 네 가지 규약으로 되어 있다.

덕업상권(德業相勸, 덕 있는 일을 서로 권하기), 과실상규(過失相規, 잘못된 일을 서로 바로잡기), 예속상교(禮俗相交, 예절이 있는 풍속으로 서로 사귀기), 환난상휼(患難相恤, 어려운 일이 있을 때 서로 돕기) 이 그것이다. 고려말이나 조선초에 들어온 것으로 보이며 신실한 유학자이고 조광조와 정치적 이념을 같이한 김안국이 경상도 관찰사로 임명되자 관할지에 향약을 책으로 보급하면서 실시하였다. 그러나 향약의 실시가 본격적으로 거론된 것은 유생 김인범이 중종 12년에 향약의 실시를 촉구하는 상소를 올리면서 부터다. 조광조도 향약의 실시를 찬성하는 입장이었다. 그는 대부분이 훈구 계열의 지배로 넘어간 기존의 유향소 대신 향약의 실시를 통하여 새로운 사회 순화의 조직을 구상했던 것 같다.

(5) 정국(靖國)공신의 개정

연산군을 축출하는데 공을 세웠다하여 주어진 공훈과 작위가 정국공신이다. 그런데 잘못된 사람이 너무 많아 바르게 고쳐야 한다는 논의가 자주 있었다. 수양대군에 의한 정난공신의 수는 43명, 성종대의 좌리공신의 수는 73명인데 정국공신의 수는 117명 이었다. 대사성 김식은 왕 앞에서 공신개정의 배경을 명확히 밝힌다.

이 일은 갑자기 발의된 것이 아닙니다. 정국공신은 외람됨이 심했습니다. 이로 인해 실로 무궁한 폐단을 열었으니 지금 이것이 발의된 것은 그것을 고칠 수 있는 기회로 볼 수 있습니다. 고치면 이익을 탐하는 근원이 방지되어 나라의 맥박이 영구할 것이니 마땅히 그 이해를 헤아려 결정할 때를 잃어서는 안됩니다.

이에 덧붙여 조광조는 사생결단의 각오로 다음과 같이 말한다. 사생간에 신하는 극형에 처해지거나 유배에 이르더라도 마음에 달게 여기는 바인데 신의 마음 또한 그렇습니다. 이처럼 구구하게 아뢰는 것은 이것이 실로 국가의 큰 일이기 때문입니다.

정국공신의 개정 문제가 발의된 이래 조정은 폭발 일보직전이었다. 개정을 요구하는 신하들과 이를 거절하는 왕 사이의 지루한 말싸움은 보름여를 계속하였다. 왕은 완강하게 거절하다가 일부만을 개정하려는 시도를 하기도 했으나 결국 대신들과 1등 공신으로 녹훈된 신하들을 불러 개정을 마무리 하였다. 이 결과 삭훈된 총수는 88명이며 29명만이 정국공신으로 남게 된다.

(6) 기묘사화를 당하다

기득권을 유지하기 위해 온갖 술수를 부리던 수구세력들은 결국 왕을 꼭두각시로 내세워 돌이킬 수 없는 역사의 반역을 저지른다. 홍경주, 남곤, 심정은 야음을 틈타 경비가 비교적 덜 삼엄한 경복궁의 북문인 신무문을 통해 왕과 밀서를 주고 받으며 거사를 획책한다. 소심하고 우둔한 왕은 간신들의 농간에 편승하여 조광조 등 신진 개혁세력들에게 유죄의 내용을 덮어 씌운다.

'조광조, 김정, 김식, 김구는 서로 붕당을 맺어 자기들 편에 서는 자는 관직에 나가게 하고, 다른 편에 서면 배척하며, 세력을 형성하여 서로 의지하며 권세가 있는 요직을 차지하고, 후진들을 유인하여 과격하게 비난하는 일을 버릇처럼 하게 하였으며, 국론과 조정을 날로 그릇되게 하고 조정의 신하들이 그 세력을 두려워하여 감히 입을 열지 못하게 한 것과 윤자임, 박세희, 박훈, 기준 등이 이에 어울려 과격한 논의 등을 한 일을 문초하여 밝혀 내도록 하라'.

맑은 하늘에 날벼락이요 아닌 밤중에 홍두깨라. 어이없고 황당하여 조광조 등 8인은 상소를 올린다.

'신들은 모두 뜻만 높고 치밀하지 못하며 우직한 자들로 성스러운 때를 만나 경연에 출입하면서 밝은 빛을 가까이에서 얻어 오직 믿은 것은 임금님의 밝음이라, 우매한 충정을 모조리 말씀드려 오면서 많은 사람들의 시기심을 불러오기도 했으나 오직 임금님이 계신 줄만 알아 다른 것은 헤아리지 않은 채 우리 임금님을 요순과 같이 만들고자 한 것인데 이것이 어찌 저희 한 몸만을 도모한 것이겠습니까? 하늘의 해가 내려다보는데 진정 다른 사사로운 마음은 없습니다. 신들의 죄는 일만 번 죽어도 마땅하나, 선비들의 참화가 한 번 발생하면 훗날 나라의 명맥이 염려되지 않겠습니까? 대궐문이 멀어서 생각을 전달할 길이 없으나 길게 아뢰고 싶은 말을 입다문 채 아니하는 것도 실로 참을 수 없는 바, 행여 친히 국문을 해주신다면 일만 번 죽어도 여한이 없겠습니다. 뜻이 넘치고 하고 싶은 말이 가득 차올라 어찌 아뢰야 할 지 모르겠습니다'.

억지로 죄는 씌워지고 갑론을박 끝에 형벌은 결정된다.

'조광조, 김정, 김식, 김구는 관직 임명장을 모두 박탈하고 장 1백 대를 친 후에 먼 지방에 유배하고 윤자임, 기준, 박훈, 박세희는 중앙과 가까운 지방에 유배케 하라'.

중종은 훗날이 두려웠던지 백성들의 동요가 염려스러웠는지 옹색한 변명의 말을 늘어 놓는다.

'너희들의 죄를 법률대로 정한다면 이에 그치지 않을 것이다. 그러나 너희들에게 사사로운 마음이 없었고, 나라를 위한 마음에 과격함을 알지 못했던 것이니, 가장 가벼운 형량으로 죄를 확정한 것이며, 만약 일반 죄수라면 이러한 교지는 하지도 않았을 것이다. 너희들이 오랫동안 시종으로 있었으니 내 어찌 그 마음을 모르겠는가?'

이리하여 조광조는 한강에서 남태령고개를 넘어 과천을 지나 선영이 있는 죽전을 당도하여 회한을 삼키고 천안에 이르니 영남 유생들이 눈물바다를 이루며 통곡하였다. 찢기는 가슴을 동여매고 이들을 뒤로한 채 공주와 금강을 지나 전라도 여산에 접어들었다. 한 치 앞을 가늠할 수 없는 암운이 드리운 채 수레는 걸음을 재촉하여 삼례, 순창, 담양을 거쳐 화순 너릿재를 넘어 적소인 능주에 당도하였다. 김정은 금산, 김식은 선산, 김구는 개령, 윤자임은 온양, 기준은 아산, 박훈은 성주, 박세희는 상주로 유배의 길을 재촉한다. 이후 조광조 등에 대한 조정의 지지와 백성들의 동정 여론 및 성균관 유생들의 신원 상소가 줄을 잇는 가운데, 왕권의 위협요소로 여겨 온 중종은 황이옥, 윤세정, 이내의 합동상소에 힘입어 조광조 등 선비학자들을 대거 숙청하였으니, 학풍이 땅에 곤두박질쳤음은 물론이고 국운이 휘청거렸다. 서까래감도 못되는 잡목을 대들보 재목삼아 앉혔더니 자칫 국가와 백성을 한 줌 잿더미로 만들 수 있다는 것을 역사는 웅변하고 있지 않는가?

그는 순백의 나신으로 한 줄 시를 거침없이 토해냈다.

愛 君 如 愛 父 (애군여애부)　임금 사랑하기를 어버이 사랑하듯이 하였고
憂 國 如 憂 家 (우국여우가)　나라 걱정하기를 내집 걱정하듯이 하였네
天 日 臨 下 土 (천일임하토)　밝은 해가 이 세상을 내려다보니
昭 昭 照 丹 衷 (소소조단충)　일편단심 내 충심을 더욱 밝게 비추리

배신의 원망도 한 점의 한(恨)도 남기지 않은 채 의연히 스러져 갔다.
무심히도 휘몰아치는 북풍한설을 마주치며 싸늘한 땅바닥에서.
지기(知己) 학포 양팽손과 그를 희망으로 여기던 많은 민초들이 지켜보며 울먹이는 가운데.
정신과 학문을 남도에 무등에 원효계곡 소쇄원 자락에 잇대고서.

3

정암 조광조의 정신과 학문을 대대로 이어라. 아! 소쇄원 –

그 시작을 3대(代)가 민들레 홀씨처럼 이 땅에 온 누리에

소쇄공, 고암공(소쇄공의 둘째 아들), 영주공(소쇄공의 손자, 고암공의 셋째 아들) 3대(代) 약 70년간에 걸쳐 사촌 김윤제, 면앙 송순, 하서 김인후 등 친인척과 주윗분들의 도움을 받아 부지 약 3만㎡(약 1만여평), 10여 채의 정자류가 딸린 복합문화공간을 조성하다.

소쇄(瀟灑) 양산보(梁山甫)는 15세에 한양에 입성하여 정암 조광조 문하에서 제자의 예를 갖추고 학문을 연마하기 시작한다. 그러나 시절의 탓인지 스승이 기묘사화에 연루되어 세상을 뜨니 속세의 뜻을 접고 창암촌 뒷쪽에 소쇄원을 조성하여 은거하며 학문으로 시름을 달래고 후진양성과 더불어 명현들과 교유하며 한 평생을 보낸다. 세 아들중에서 둘째인 고암(鼓巖) 양자징(梁子澂)은 소쇄공의 뜻을 충실히 이행하면서 가업인 소쇄원의 맥을 훌륭히 이어나갔다. 고암공의 세 아들중에서 영주(瀛洲) 양천운(梁千運)은 정유재란때 왜구의 침입으로 소실된 소쇄원을 앞장서 중건했으며 한천정사를 건립하여 거처로 삼았다. 이에 소쇄원은 3대(代) 약 70년간에 걸쳐 주윗 사람들의 조력에 힘입어 면모를 갖추게 되며 호남의 학문사상에 지대한 영향을 미치게 되는데 여러 조력자 중에는 친인척 관계로 형성된 인물들이 많다. 사촌 김윤제는 소쇄공의 처남이고 면앙 송순은 소쇄공의 외종형이며 하서 김인후는 소쇄공과 사돈지간이고 제봉 고경명의 부장이었던 안영은 소쇄공의 사위이다. 이처럼 당대의 경세가요 대학자들의 조력이 있었기에 상당한 규모의 소쇄원이 조성될 수 있었을 것이다. 그러면 소쇄공, 고암공, 영주공 3대의 행장을 살펴봄으로써 이해를 돕고자 한다.

(1) 소쇄공 행장(瀟灑公 行狀)

서석〔光州〕의 응달에 옛적에 한 선비가 조용히 살고 있었는데 그 사람이 바로 소쇄원 선생이다. 선생은 양(梁)씨, 이름이 산보(山甫)이며 자(字)를 언진(彦鎮)이라 하는데 중종(中宗)과 명종(明宗)시대에 벼슬길에 나아갈 기회가 있었으나 이를 거절하고 오직 세상의 폐단을 바로잡고 덕을 세우는데 힘쓴 선비이다. 지금으로부터 백(百)여년전의 일이나 그가 남긴 책이나 업적은 남쪽에 사는 사람이면 누구나 외워 읽고 있어서 듣기 싫을 정도이다. 이제 그 집에 전하여 내려온 문집(文集)이나 그가 남긴 언행에 대한 상세한 기록들을 보니 전에 들은 소문이 헛소문이 아니었음을 확실히 알게되었으니 감개무량한 심정으로 크게 호흡을 가다듬고 그의 행적을 더듬어 보았다.

양(梁)씨의 시조는 제주에서 탄생하였으니 양, 고, 부(良,高,夫) 세 사람이 한라산에 내려와 제주도를 셋으로 나누어 살게 된 것이 단군 때 일이라 한다. 그 후 양(良)을 양(梁)으로 고쳤으며 신라 때 순(洵)이라는 사람이 바다건너 신라에 와서 과거에 급제하여 한림학사(翰林學士)가 되었다가 돌아가시게 되어 탐라군(耽羅君)에 봉작되었고 고려 때 준(峻)이라는 사람이 또한 섬에서 나왔는데 이때 상서로운 별이 빛났었기에 성주(星主)라 불리었다. 또한 순(淳)과 준(遵)이 계속하여 문과에 급제하여 모두 직문한서(直文翰署)의 벼슬을 지냈는데 순(淳)은 나중에 찬(讚)이라는 사명(賜名)을 받았다. 다음에 석재(碩材)는 전직사서(殿直司書)가 되었고 한현(漢賢)은 재능이 있었으나 벼슬은 하지 않았다. 제(鵜)는 판서(判書)로 운관사(雲觀事)였으며 조선조에 들어와 사위(思渭)가 학문과 행실이 두드러져 유학교도(儒學教導)가 되었다.

그 뒤로 발(潑)이라는 분이 선생의 증조부이다. 조부는 윤신(允信)인데 두 사람 모두 별다른 활동을 하지 않았다. 부친인 사원(泗源)은 숨은 덕이 많았고 또한 인, 의, 예, 지, 신, 락(仁,義,禮,智,信,樂)의 6행이 뛰어나 고을에서 천거되어 종부 주부(宗簿主簿, 從6品)의 벼슬을 받았으나 취임하지 않았다. 호를 창암(蒼巖)이라 하였고 그는 병조참의(兵曹參議)의 증직(贈職) 벼슬을 한 신평인(新平人) 송복천(宋福川)의 딸이며 헌납(獻納) 벼슬을 한 송희경(宋希璟)의 증손녀와 결혼하였는데 계해(癸亥) 생이다.

선생은 출생한 때부터 총명하고 단정하고 정직하고 얼굴이 잘 생겼다. 어렸을때부터 글을 읽을 줄 알아서 그 글의 참뜻을 깨달아 알았고 장성함에 따라 높고 원대한 뜻을 품고 힘써 글공부를 하므로 아버지 창암(蒼巖)공이 크게 기뻐하며 사랑하였다. 나이 겨우 열다섯 되던해 아버지가 정암 조광조(靜庵 趙光祖)선생에게 데리고 가서 그 밑에서 글공부 할 수 있도록 하여달라 했더니 정암 조선생이 기특하게 여겨 쾌히 승낙하고 소학(小學)책을 주시면서 그것부터 공부하도록 하였다. 그 때에 청송(聽松) 성수침(成守琛), 성수종(成守琮) 형제가 같이 입학하였는데 처음 한눈에 보더니 존경할 만한 벗이로구나 하며 친근히 지냈다. 그러니 다른 친구들에게는 더욱 존경받으며 지냈다.

2년후인 기묘(己卯)년에 중종(中宗)이 조광조(趙光祖) 제자들 중에서 합격자를 뽑

으려 할때 선고관(選考官)이 이미 뽑은 급제자가 많으니 오히려 삭제 해야겠다 하여 숫자를 줄여 뽑는 바람에 그만 공(公)의 이름이 삭제 당하고 말았다. 중종(中宗)이 심히 안타깝게 생각하며 불러 보시고 위로의 말씀을 하시면서 종이를 하사(下賜) 하셨다. 그 해 겨울에 사화(士禍)가 일어나 조광조가 괴수가 되었다하여 그 분을 비롯하여 많은 관리와 선비들이 잡혀 죽임을 당하였다. 이때 선생의 나이가 겨우 열일곱에 불과한 때인데 이러한 일을 당하고 보니 그 원통함과 울분을 참을 수가 없어서 세상 모든 것을 잊고 산(山)에 들어가서 살아야겠구나 결심하고 산수 좋고 경치 좋은 무등산 아래에 자그마한 집을 지어 소쇄원이라 이름하고 두문 불출하며 한가로이 살 것을 결심하였다. 그리고 스스로의 호(號)도 소쇄옹이라 하였다. 이로부터 수십년간 많은 무리들이 간악하고 제 멋대로 나쁜짓을 하는 세상이 되어 그 폐단이 더욱 심해가는 세상이 계속되니 선생은 처음 가졌던 마음을 더욱 굳건히하고 행여나 벼슬 같은 것은 꿈에도 마음에 두지 않았다. 조정에서는 자꾸 숨어있는 일꾼들을 찾는중에 소쇄공을 찾아 여러번 벼슬길에 나갈것을 권해 왔으나 끝끝내 버티어 나가려 하지 않고 평안하고 한가롭게 산중 숲속에서 사람이 지켜야 할 도리를 연구하고 밝히는 일로 깨끗하고 고요함에 만족하며 30여년간을 시름없이 살았다.

아아! 이 어찌 그 행동이 뛰어나다 아니할 수 있으며 극진하다 아니할 수 있겠는가! 기어이 한번 가면 못오는 길을 떠났으니 안타깝고 슬픈 일이로다.

선생은 본래 덕성이 높은데다 또한 조용한 곳에서 오랫동안 학식을 함양했으니 알차고 참된 인격자로서 호남에서 위대한 선비로 존경받는 인물이 된 것이다. 안에서는 부모에 대한 효성이 지극하여 언제든 부모곁에 있으면서 환한 얼굴로 부모님 말씀에 순종하며 조석으로 인사드리는 것을 게을리하지 않았다. 일찌기 말하기를 사람에 있어서 부모에게 효도하는 것보다 더 큰 것이 없다 하였으며 사람의 자식된 자로서 부모에게 효도를 못하는 자를 어찌 사람이라 할 수 있겠느냐 라고 할 정도였다. 한편 수 백 마디로 된 효부(孝賦)를 지어 효에 대한 근본정신과 사상을 밝혔다. 더욱이 순 한문에 밝지 아니한 일반대중도 읽고 이해할 수 있도록 한글을 새기어 적는 등 세심한 주의를 기울였기 때문에 퍽 감동적인 글이라 아니할 수 없다. 선생은 재상을 지낸 송순(宋純) 선생의 내제(內弟)(어머니의 친정조카)이다. 이 분이 이글을 보고 효행에 대한 이치를 깊이 이해하지 못하면 이를 실천하기는 어렵겠다 하였고 하서(河西) 김후지(金厚之) 선생도 역시 송순 선생의 말이 맞는 말이다 하며 효부에 준하는 글을 지었다.

선생은 평소 집에 있을 때에도 항상 몸가짐을 단정히 하였고 예의에 어긋남이 없었으며 말과 행동이 모두 법칙과 일치한 생활을 하고 실천 하였는데 예를들면, 상사(喪事)를 당하였을 때 또는 제사를 모실때에는 오로지 예전부터 전해 내려오는 예법에 따라 행했으며 추호도 소홀함이 없었다. 그 형제간에는 특별히 우애가 깊었고 종족은 물론 이웃간에도 크고 작은 일이 있을때에는 발벗고 나서서 일을 돌보아 주었다. 선생이 어렸을때 가까운 곳에 홀로된 고모가 살고 있었는데 선생은 그의 품에서 자라다시피 하였다. 그런데 그만 그 고모가 죽으니 부모상을 당한듯 3년간 복을 입고 그 은혜에 보답하였다. 선생은 평생을 사람이 갖추어야 할 것은 오로지 재지(才智)나 학식임을 자랑으로 생각하였음은 세상사람들이 다 아는 사실이거니와 일찍이 그가 말하기를 우리 집안은 세세토록 부모에게 효도하고 형제간의 우애로 이름 있는 집안인데 내가 선조들의 가르침을 지키지 못하고 땅에 명예를 떨어뜨리고 세속에 젖어들수야 있겠느냐 하였으며 다시 여러 아들들을 한 자리에 모아 놓고 나는 너희들 중 누구도 이름 높은 지위에 오르는 것을 바라지 않는다. 한 사람이 유명해지면 다른 사람은 귀한 사람이 못될것이 아니냐 하였다. 하서 김후지가 이 말을 듣고 정말 지당한 말이라 하였다.

하서(河西)와는 같은 뜻을 가진 동지로서 친하게 지냈을 뿐 아니라 사돈까지 된 사이인데 늙도록 오가며 서로 만나면 반가와하며 해가 저무는지 달이 밝는지도 모르고 의리에 대하여 그 뿌리부터 더듬어 가며 토론에 열중하였고 때로는 술잔을 주고 받으며 시를 노래하기도 했다.

하서(河西)는 소쇄원에 오면 발병 난 것처럼 여러 달 동안 돌아갈 줄 몰랐다. 또 명승지라 하여 석천 임억령(石川 林億齡), 규암 송인수(圭庵 宋麟守), 미암 유희춘(眉巖 柳希春), 청련 이후백(靑蓮 李後白) 등이 기꺼이 선생을 따랐는데 그 중에서도 석천 임억령이 가장 존경하며 따랐다. 존재 기대승(存齋 奇大升))이 말하기를 소쇄옹은 겉으로는 여간 부드러운 것 같으나 내심은 강직한 사람이라 하며 만사(萬事)를 낙관하는 군자(君子)라 하였고 태헌 고경명(苔軒 高敬命)도 내가 어렸을 때 소쇄옹을 알게 되었는데 그 얼굴이 얼마나 아름다운지 내가 얼마나 못 생겼는가 하는 생각을 했고 임정 정송강(臨汀 鄭松江)은 말하기를 소쇄옹을 대할 때마다 마음속에 상쾌함을 느꼈다고 하였다.

선생의 학문은 소학(小學)을 굳게 믿고 모든 학문의 기초로 삼았고 다음으로 사서(四書) 오경(五經)을 항상 책상옆에 두고 공부하였으며 그 중에서도 역학(易學)을 깊이 연구하여 천지만물의 강약과 그 발전과정을 깊이있게 설파하니 많은 사람들이 모여들어 경청하였다. 하서(河西)가 말한바와 같이 소쇄옹은 앉았다 누었다하면서 항상 생각에 잠긴 것이 물고기가 연(鳶)같이 하늘로 치솟아 오름 같다 했는데 그 말이 과연 믿음직 하다.

대저 선생의 올바른 행위는 모두 그 마음속에서부터 우러나와 한 고을에 퍼졌고, 집안의 모든 범절과 법도는 스스로가 먼저 지키고 다음에 자손들에게 유전되고 다음에 한 나라 백성들까지 따르게 된 것이다. 착한 사람이 되고자 하는 사람은 솔선수범하여야 한다. 선비로서 착한 사람이 되고자하는 사람이 그러하며 그 자식을 교육하고자 하는 사람은 먼저 부모에게 효도하여야 한다는 것을 가르쳐야할 것이다. 그는 항상 얼굴빛을 부드럽게 유지하였으며 어떠한 경우에도 노여움이나 욕하는 일이 없었고 물건에 대한 욕심도 없이 초연하였으니 오늘날까지 그를 아는 사람으로서 가난한 사람이나 게으른 사람에게도 깊은 감명을 주고 있다. 그의 자세는 늠름 하였으며 그의 앞에는 성〔郭〕과 길〔道〕이 있었고, 원만한 인격을 갖추고 있으니 아무도 따를 수 없는 큰 인물이라 아니할 수 없다. 1557년 3월 소쇄원의 안방에서 향년 55세로 일생을 마쳤다.

선생은 현감 김후(金珝)의 딸과 결혼하여 세 아들을 낳았으나 선생의 나이 25세에 상처(喪妻)하였는 바 일가 친척들이 재취할 것을 권했으나 듣지 아니하고 말하기를 옛적에 증자(曾子)가 후처를 재취하지 않으니 아들 원(元)이 재취할 것을 권하니 증자가 대답하기를 내 이미 선조에게 옳은 일을 못했고 문중에도 좋은 일을 못했는데 새삼 재취해서 무엇하겠느냐 하며 끝내 재취를 아니했으니 성현도 이러했거늘 내게는 세 아들이 있어 대(代)를 이을 수 있고 제사도 모실 수 있는데 무엇 때문에 또 장가들겠느냐 하며 끝끝내 듣지 않았다.

장남 자홍(子洪)은 문장과 행실이 뛰어나 희망을 걸었는데 일찍 죽고, 둘째 아들 자징(子澂)은 호를 고암(鼓巖)이라 했으며 덕행이 뛰어나니 고을에서 천거되어 현감 벼슬을 했고 3남 자정(子渟) 또한 학문과 행의가 비범하여 교도(敎導)의 벼슬을 했다. 호(號)를 지암(支巖)이라 했다. 딸 하나는 벼슬을 하지 않은 선비인 노수란(盧秀蘭)에게 시집보냈고, 아들 자호(子湖)는 참봉이며, 다음 딸은 우후 정붕(虞候 丁鵬)의 아내가 되었다.

큰 아들 자홍(子洪)은 현령(懸令)인 최대윤(崔大潤)의 딸과 결혼하여 천리(千里), 천심(千尋) 형제를 두었고 둘째 아들 자징(子澂)은 처음 하서 김인후(河西 金麟厚)의 딸과 결혼하였으나 아들이 없기 때문에 생원 김송명(生員 金松命)의 딸을 재취로 맞아들여 3남 3녀를 낳았는데 천경(千頃)과 천회(千會)는 재능과 기개가 뛰어났으나 신묘사화(辛卯士禍)에 뛰어들어 모두 죽었다. 천운(千運)은 진사(進士)로 주부(主簿)의 벼슬을 했다. 장녀는 오급(吳岌)에게 시집갔으나 난리를 만나 욕 뵈임을 피하여 물에 뛰어들어 죽었고, 차녀는 고경명(高敬命)과 함께 싸우다가 진중에서 순직한 안영(安瑛)에게 시집 갔으며, 다음 여식은 서호갑(徐虎甲)에게 시집갔다. 셋째 아들 자정(子渟)은 장가들어 천건(千建), 천주(千柱)의 2남을 두었으며 여식은 생원 홍경복(生員 洪慶福)에게 시집보내어 딸을 낳았고 자호(子湖)는 김윤충(金允忠)의 딸과 혼인하여 생원 천지(生員 千至)와 진사 천장(進士 千章)을 낳았다. 세월이 오래되어 다른 자손들도 많은 듯 하나 여기에 다 기록하지 못한다.

내가 호남지방을 왕래한지 이미 오래이지만 시골 노인들이 선비의 품행을 즐겨 노래할 사람들은 많으나 그 가운데 선생에 비길만큼 덕이 높고 고결한 사람을 듣지도 보지도 못하였으니 이 어찌 뛰어나고 위대한 인물이라 아니할 수 있겠는가. 그러기에 위와 같이 선생의 평생의 행적을 적는다. 후세의 여러분은 소쇄공의 행적을 널리 참고하기 바란다.

(1678년 3월 이민서 지음)

(2) 고암공 행장(鼓巖公 行狀)

공(公)의 휘(諱)는 자징(子澂)이요. 자(字)를 중명(仲明)이라 했고 호(號)는 고암(鼓巖)이다. 양씨(梁氏)는 본래 탐라(耽羅)에서 시작되었으니 지금의 제주(濟州)이다. 단군후에 삼신인(三神人)이 탐라의 한라산에 내려와 섬을 셋으로 나누어 살았는데 그 중 양 씨가 세 사람중의 한 분이다. 신라조에 이르러 양(良)을 양(梁)이라 고쳤는데 세대(世代)가 계속해 내려오면서도 때로는 잘 모르는 시대도 있었으나 조선조에 이르러 사위(思渭)라는 사람이 문학과 행실이 뛰어나 유학 교도를 하게 되었고 이분은 발(潑)을 낳았는데 조상의 덕으로 내리는 벼슬은 하였으나 별로 큰 벼슬도 아니었고 유명하지도 않았다. 이 사람이 윤신을 낳았는데 부사직 벼슬을 하였고 이 분에게서 출생한 사원(泗源)이 은덕이 있다하여 천거되어 종부 주부의 벼슬을 제수 받았으나 취임하지 않았다. 그 아들 산보(山甫)가 정암 조광조의 문하에서 학업을 닦았으나 그 스승이 기묘(己卯)와 을사사화(乙巳士禍)로 인하여 처형되니 세상일에 실망하여 깊은 산중에 몸을 감추고 세상사와는 멀리하고 일생을 보냈다.

호(號)를 소쇄(瀟灑)라 한 처사는 부인으로 광산김씨(光山金氏) 호조좌랑 김후의 딸을 맞아 아들 셋을 두었는데 공은 그 둘째 아들이다. 1527년 공이 불과 5세때 김씨 즉 공의 모친이 사망하니 어찌나 슬퍼했던지 몸부림치며 울었고 마침내 피를 토했기 때문에 그 아버지 소쇄처사(瀟灑處士)가 딱따구리를 잡아다가 구워서 약에 섞어 먹이려 했으나 먹지 않으므로 억지로라도 먹이려하니 입을 가리고 이를 거절하며 말하기를 비록 불에 구운 새이지만 그것이 고기에 속하는 것이니 먹지 않겠노라 하였다. 드디어 죽림에 몸을 숨기고 있었는데 그 다음의 생활형편은 자세하지 않다. 이렇게 식음을 전폐하다시피 하면서 오직 효행에만 힘쓰는 것을 보게된 집안사람들이 더는 강권하지 않고 그 소원대로 내버려 두었다.

소쇄처사가 몸이 불편하여 자주 눕게 되자 공이 옆에 붙어앉아 침식일체를 돌보았고 그의 나이 8세 되던 해에 할아버지는 사망하였다. 이때부터는 이미 소학(小學)공부를 철저히 해야겠다고 결심한 때라 아침에 일찍 일어나 세수하고 머리를 빗은 다음 종일토록 꿇어 앉아 공부하기만 하더니 나이 열 대여섯이 될즈음에는 거의 모든 경서와 사서를 깊이있게 이해하기에 이르렀다. 한 번도 소리내어 책 읽는 일이 없었으나 어찌나 빨리 읽는지 다른 사람은 감히 흉내도 내지 못할 형편이었다. 그러면서도 누구의 가르침이나 남에게 묻는 법이 없이 혼자서 마음 속으로 이해하고 실천하는 유능한 재주꾼이 된 것이라 날이 가고 달이 갈수록 재주가 비상함을 본 하서(河西) 김선생은 공을 사위로 삼고 아예 처가살이를 시킬정도로 몹시 사랑하였다. 그러니 듣는것 보는것이 더욱 윤택해져 큰 발전을 보게 되었다.

소쇄처사의 병환이 차츰 위독해지자 옷고름도 풀지 않았으며 깨끗이 목욕하고는 땅에 엎디어 아버지대신 자기가 죽겠노라 애걸하는 기도를 했다. 천명을 어찌하랴. 부친이 사망하니 몸을 벌벌 떨며 애통하기를 그치지 않았고 그 결과 뼈만 앙상하게 몸은 말랐다. 보다못한 하서선생이 선왕이 승하하였을 때 소쇄처사가 애통해하시던 이야기를 들려주며 자기몸도 돌보아야 한다고 타이르니 그때서야 과격한 행동을 삼가 했다. 부친의 무덤옆에 여막을 치고 밤낮으로 애곡하기를 풍우를 조금도 가림이 없었고 제수는 반드시 자신의 손으로 마련하여 올렸다. 3년상을 벗고 난 다음에 장인인 하서를 찾아뵈러 왔을때도 어찌나 애절하게 슬퍼만 하고 있기에 보다못한 하서가 시(詩) 한 수(首)를 지어 주었는데 그 시가 공을 위로함과 아울러 공을 극진히 아끼며 사랑할 뿐 아니라 공에 대한 기대가 얼마나 큰 것인가를 알게 하였다.

경신년(庚申年, 1560년)에 하서선생마저 세상을 등지니 같이 글공부하던 여러 사람이 송강 정철(松江 鄭澈)과 같은 이름높은 분에게 부탁하여 하서(河西)선생의 행장(行狀)을 써달라는 의론이 있었으나 반면에 모두들 사위인 공이 하서선생을 더 잘 알것이라 하며 공이 선생의 행장을 쓰는것이 가장 좋겠다는 결론이 나와 공이 짓게 되었는데 그 글이 하서집이라는 책에 실려 오늘날까지 내려오고 있다.

정말 적절한 말로 도덕 높은 사람을 잘도 표현했으니 그 기상이 이에 못지 않았다. 후세에 자손이 번성하고 많은 사나이가 있을것이다.

선조대왕이 어느날 시골에 살고있는 사람중에서 착한 사람을 골라 천거하라 했는데 고을 유지들이 공을 천거했고 그후 팔계 정종영(八溪 鄭宗榮)이 감사(監司)로 있을 때 임금의 명령에 따라 사람을 천거하면서 공을 제일의 인물로 천거하였다. 사암 박순(思庵 朴淳)이 영상(領相)으로 있을때 여러 사람중에서 맨 먼저 공을 골랐는데 정말 좋은 사람을 얻었다하며 기뻐함을 마지 않았다. 여러차례 재랑(齋郎)을 지내면서 고명한 여러 선비들과 사귀었는데 여러분의 천거에 의하여 의영고 직장(義盈庫 直長, 종7품) 자리로 승진했다가 그곳의 주부(主簿, 종6품)로 다시 승진했다가 얼마 안 있어 강동현감(江東縣監)으로 전보 발령되었으나 선산과 너무 떨어진 곳이기에 부임하기 싫다는 빛을 보였더니 여러 선배들이 그 뜻을 짐작하여 잘 아는지라 방침을 바꾸어 거창현감(居昌縣監)으로 나가게 하였다. 임금에게 부임인사차 뵈었더니 고을에 원님으로 부임하면 무슨일부터 하겠는가 하고 물으시니 대답하기를 지금 교육에 관한 정치가 제대로 잘 안되어 고을 백성들이 배우지 못하고 있는 모양이니 내가 바라는 것은 오직 학교를 수리하여 세우고 배우고자 하는 학생들을 모아 학문을 배우게 하겠나이다 하였다. 상감이 좋은 일이라 칭찬하시면서 다른 주(州)나 부(府)에 앞서 삼강이륜 행실도(三綱二倫 行實圖)를 거창현감에 내려주셨는데 이것은 보통 흔히 있는 일이 아니다.

얼마후에 석성현감(石城縣監)으로 영전되었으나 때마침 천경(千頃) 천회(千會)의 두 아들이 화를 입어 사형을 당할 뻔하게 되었는데 다행히 송강 정철(松江 鄭澈)과 우계 성혼(牛溪 成渾)선생의 주선으로 다소간의 틈은 얻게 되었으나 면목이 없어 사직하고 집에 돌아와서는 두문불출 모든 사람들과 교제를 끊었다. 그러면서 평소에 자식도 제대로 교육시키지 못한 주제에 내가 어찌 관록을 먹고 있겠으며 공연한 말썽을 부려 죽임을 당하게 된 것이 어찌 아비된 이 사람의 죄가 아니겠는가 하며 집안식구들을 불러 놓고 '너희들은 함부로 남의 송사에 뛰어들지 말아라. 너희들이 아니더라도 세상사람들이 아는 사람은 더 잘알고 있는 것이다' 라고 타일렀다. 우계 성혼과 중봉 조헌(重峯 趙憲) 선생등이 편지로 위로하였는데 특히 중봉 선생은 그 사람들은 나 때문에 죽을 뻔 한 사람들이라 명언하였다. 그 말은 중봉이 정여립(鄭汝立)을 몰아내려 한 결과 졸때기들이 그를 충동하여 반란을 일으켰다가 잡혀서 처형된 사건인데 이에 불만을 품은 한패들이 여러사람들을 쏘삭거려 임금에게 상소한 것에 공의 두 아들이 멋모르고 가담한 것에 불과하며 이 일을 선동한 사람들은 이미 붙잡아 처형되었으므로 중봉이 이렇게 말한 것이다. 김여물(金汝岉)선생은 정여립의 부하와 공의 두 아들들을 데리고 관리앞에서 대질 심문하는 것을 보았기 때문에 그 전말을 잘 알고 이것을 글로 써서 여러사람에게 그 송사가 억울함을 알렸던 것이다. 공은 이 서류를 얻어보고 자기 자신을 위로 하였으며 집안의 보물로 잘 간직하였다.

이어 임진란이 일어나서 왜군이 서울에까지 쳐들어오니 왕은 하는 수 없이 서쪽 강화도로 피신하기에 이르렀다. 그때에는 이미 나이도 늙었고 더욱이 몸에 병이 생겨 꼼짝도 못하게 된때인지라 어쩔도리가 없었던 까닭에 곁에 앉아 있는 여러 문병객들을 돌아보며 나라가 큰 난리를 만나게 되어 상감께서 피난가시는 형편인데도 신하로서 충성을 다하여도 모자랄 형편인데 노병으로 자리에 누워만 있자니 차라리 죽어 없음만 같이 못하다고 한탄하면서 북쪽하늘을 바라보며 통곡하였다. 건재 김천일(健齋 金千鎰)과 제봉 고경명(霽峰 高敬命)이 각처에서 의병(義兵)을 모집하여 전투에 참가하고 있다는 말을 듣고 기쁜 빛을 감추지 못하고 이분들이야 말로 자기들의 배운 만큼의 빚을 갚는 훌륭한 행동가라 칭찬 하면서 그 아들 천운(千運)을 시켜 약간의 금전과 식량을 실어 보내면서 편지하기를 역사 깊은 우리나라 땅도 넓은데 어쩌다 운이 나빠 상감께서 파천하는 욕을 당하니 슬프기 한이 없다. 그러나 산은 높고 강은 길게 끝없이 흐르는 터에 아무렴 별다른 일이야 있겠는가. 오직 상감의 무사하심과 만수무강하심만을 기원할 뿐이로다 하였다. 2년이 지난 갑오년(甲午年, 1594년) 12월 22일 72세를 일기로 세상을 떠나시면서도 아무 말도 다른 말은 아니하면서도 조상들의 제사모시는 일만을 걱정하였다. 무등산 중산동 마을의 신좌-서쪽북쪽(辛坐-西北西向)의 언덕에 장사하였다.

하서 김인후 선생의 둘째 딸과 결혼하였는데 정말 정순하고 조용하며 선조에 대한 효성과 동기간의 우애심이나 마을 사람들과의 교제에 있어 나무랄데 없는 부덕을 지닌 아내였으나 박명한 탓으로 일찍 죽었다. 그의 친정 아버지인 하서가 지은 제문(祭文)이 있다. 하는 수 없이 광산김씨인 생원 김송명(生員 金松命)의 딸과 재혼하였다. 그런데 이 여성은 문정공(文正公)인 김태현(金台鉉)의 후손이다.

부모에 대한 효성이 지극하였을 뿐 아니라 순하기가 양 같았고 자애심이 깊어 일찍부터 모든 부덕을 갖춘 모범여성으로 이름이 높았다. 나이 65세된 병신년(丙申年, 1596년) 9월에 사망하였다. 슬하에 3남3녀를 두었으나 천경, 천회가 이미 언급한 바와같이 신묘(辛卯, 1591년)옥사에 연루되어 사형 당하였고 천운(千運)이 공부를 잘하여 학식이 높았기 때문에 천거되어 벼슬이 주부에 이르렀다. 장녀는 오급(吳岌)에게 시집보냈는데 정유재란때 적군에게 잡혔으나 굴하지 않고 남편과 함께 물에 빠져 자살하였다. 차녀는 안영(安瑛)에게 출가 시켰는데 안영이란 사람은 제봉 고경명의 부하장군으로서 용감히 싸우다가 순절한 사람이다. 셋째 딸은 목사 서익(牧使 西益)의 아들인 서호갑(徐虎甲)에게 짝지어 주었다.

천경(千頃)은 몽태, 몽린, 몽기 세 아들과 채입에게 출가시킨 여식이 있었다. 천운(千運)은 몽우, 몽의, 몽염, 몽요 등 4형제와 김남기, 최종해, 이상하 등의 처가 된 3녀를 낳았으며 작은 집에서 몽리와 첨추 유영남에게 시집보낸 딸이 있다. 오급은 오희일을 낳았으며 안영에게 시집보낸 딸은 안수준을 낳았고 서호갑에게 시집간 딸은 서운환을 낳았다. 몽태는 진용을 낳았고, 몽린은 진강, 몽우는 진망, 몽요는 진수, 진태(晋泰), 진첨을 낳았고 몽의가 낳은 외손들과 현손은 수가 많아서 기록하지 못할 형편이다.

공은 훌륭한 혈통의 집안에서 태어났기 때문에 타고난 자질이 뛰어났고 더구나 가정교육을 잘 받은데다 더하여 일찍부터 고명한 스승의 문하에서 학문을 갈고 닦았으니 뛰어난 인물이 되었으며 더욱이 퇴계 이황(退溪 李滉)선생의 문하에서 수학하였고 또한 율곡 이이(栗谷 李珥) 선생이나 우계 성혼(牛溪 成渾) 두선생의 강의를 받았으며 중국(中國)의 학자들과 교류한 덕택으로 유명한 인격을 지니게 된 것이다.

중봉 조헌 선생이 공을 추켜서 만일 옛말이 허락한다면 이라 전제하고 그 산을 보아서 잘 모르겠거든 거기 서 있는 나무를 보면 어떤 산인가를 알 것이다 하였다. 여러 선배 선생들이 묻지 않아도 그의 학문과 인격을 알고 있었다. 하물며 그의 학문이 깊은 지경에 이르렀음을 그가 읊은 시나 글에서 실제로 접한 사람은 누구나 그가 낙양(洛陽) 사람인 송(宋)나라 정호(程顥)-정이(程頤)의 두사람이 주장한 학문만을 깊이 연구한 까닭에 그 근원을 훤하게 들여다 볼 뿐 아니라 솜씨가 깊은 바 있으니 아무도 그이를 나무랄 사람은 없을 것이다. 예전에 그가 고을의 원님으로 부임하면서 만사 제치고 학문을 일으키고 백성들의 교화에 힘썼으니, 아무도 불평을 하지 아니하고 그를 믿고 따랐다. 관리가 되었던 선생이 학문을 가르치고 도덕심을 갖게 하는 것은 곧 애인(愛人) 즉 백성을 사랑하는 마음에서 우러나오는 것이다.

나는 이미 늙어서 병들었기에 문밖출입도 못하고 죽을 날만을 기다리며 겨우 죽으로 연명하고 있는 중에 불과한데 이제 진태(晋泰)가 천리(千里)길을 멀다않고 나를 찾아와 집안 상황이 적힌 글 한 장을 내게 보이며 글을 써 달라 부탁하기에 나는 이미 학업을 그만둔지 오래이나 공의 학문이나 행위가 그렇게도 고상한 분이 어쩌다 이렇게 피 흘리는 화를 당했음에 나도 모르게 마음 아파 그 불행을 위로 하는 마음 간절하여 위와같이 적었으니 후세의 군자들은 모범삼아 주었으면 좋겠다고 기대하는 바이다.

(1685년 5월 송시열 삼가 지음)

(3) 영주공 행장(瀛洲公 行狀)

공의 이름은 천운(千運) 자(字)는 사형(士亨)이요 스스로 영주(瀛洲)라고 호(號)를 했으며 탐라인(耽羅人)이다. 탐라의 양씨는 실로 한라국 순(漢羅君 洵)의 후예인데 신라 고려 때의 유명한 성씨였다. 국조(國朝)에 이르러서 자못 문행(文行)으로 일컬어졌으나 벼슬은 모두 높게 하지를 못했다. 휘(諱) 사원(泗源)인 분이 중묘조(中廟朝)에 현량천(賢良薦)으로 종부사 주부가 되고 호를 창암(蒼巖)이라 했고, 휘(諱)를 산보(山甫)라고 한 분이 조정암(趙靜庵)의 문인으로써 기묘년 뒤에 덕을 숨기고 벼슬을 하지 않아 호(號)를 소쇄(瀟灑)라고 하였으니 이분들이 공의 증조부와 조부이다.

부친의 이름은 자징(子澂)인데 조년(早年)에 김하서(金河西)를 스승으로 섬겼던 바 하서가 어질게 여겨 사위로 삼았다. 세상에서 고암선생이라고 칭하며 덕행천(德行薦)으로 석성현감이 되었다. 공의 이상 3세가 모두 행의(行義)가 있는 명유(名儒)였지만 고암이 더욱 드러났다. 김씨 부인이 자식이 없이 죽자 다시 생원 김송명의 여에게 장가를 들어 3남을 낳으니 공이 그 막내다. 공은 기상이 특이하고 심성도 효우(孝友)스러웠으니 어려서 희롱하기를 좋아하지 않고 말과 웃음도 적었다. 그래서 조중봉(趙重峰)도 한번 보고 옥수(玉樹, 仙界의 나무)라고 일컬었다.

만력 경인(선조 13년, 1580년)의 진사시(進士試)에 합격을 했는데 여립(汝立)의 변을 당하여 두 형 천경 천회가 유사(儒士)로서 일을 말한것이 너무 지나쳐 모두 불행하게 죽으니 고암선생이 그들의 도회(韜晦, 숨기고 감춤)를 못하여 그 지경에 이른 것을 몹시 슬퍼하여 공에게 근신하고 자신을 지키라고 훈계를 하였다. 임진년 왜구가 서울을 범하자 고암공이 변을 듣고 달려 가려고 하자 공이 울면서 간하기를 노병의 처지에 아무런 힘이 될 수 없을거라고 하자 선생이 갈수가 없음을 헤아리고 또 제봉, 건재 두 분이 의병을 일으킨단 말을 듣고 공을 명하여 가서 도우라고 했다. 그리고 결별하면서 부자(父子)가 마음을 같이하여 유명(幽明, 살고 죽음)간에 협력을 하자는 말을 하였다. 그러나 고(高)공이 그 형제간도 없이 부친이 늙으심을 민망하게 생각하여 돌아가서 봉양을 하라고 권했으며 때마침 공의 자형인 안(安)공 영(瑛)도 휘하에 찾아 왔으므로 공은 서로 다짐을 하고 작별을 했는데 뒤에 안(安)은 과연 싸움에서 발굽치를 돌리지 않고 죽었으니 이는 공의 부자가 앞장을 섰기 때문이었다.

얼마 안되어 고암공이 작고하고 소상(小祥)에 거의 이르러 김부인이 또 작고를 했다. 공은 오랫동안 시묘(侍墓)살이를 하며 애모(哀慕)하기를 초상시와 같이하고 비통

한 생각을 기술하여 부모를 그리워하는 뜻을 표현했다. 그러다가 정유의 재란에 적병이 깊이 침입하자 신주(神主)를 업고 피난을 했는데 아무리 다급하고 위태로운 속에서도 반드시 틈을 타서 전(奠, 제사)을 드리고 슬퍼하기를 극진히 하니 동행을 하며 피난을 하던 자가 모두 감읍을 할 지경이었다.

계해년 인조(仁祖)의 초기에 태학(太學)에서 공을 경전에 밝고 행검이 독실하다고 천거를 하니 당시의 대사성(大司成) 이었던 이(李)공 경함(慶涵)이 기뻐하며 인재를 얻었다고 했다. 처음 동몽교관(童夢敎官)을 제수하였고 사헌부 감찰을 지내 다시 사섬시 주부가 되었는데 갑술년에 병으로 사임을 하고 고향으로 돌아왔다. 병자년의 병란이 일어났을 때에는 공이 이미 늙고 병들어 근왕을 할 수가 없자 바깥 사랑으로 나아가 거쳐하며 슬픔을 이기지 못하더니 청음(淸陰, 김상헌)이 더욱 절의를 세운다는 말을 듣고 탄식을 하며 나와 같이한 방(榜, 합격발표 문)에 사람이 있었구나 하였다. 이로부터 출세할 뜻이 없더니 갑자기 병을 얻어 고이 작고하였으니 이해 겨울 11월이었다. 고암선생의 묘소 아래 손향(巽向, 동남 방향)의 원(原)에 장사하였으니 그 뜻에 따른 것이다.

처음 여립이 사람들을 끌어 모을 때에 공은 겨우 약관이었지만 이름이 이미 크게 났던 터라. 여립이 찾아왔는데 공이 읍만 하고 절을 아니 하며 끝까지 친절하게 아니 하자 여립은 얼굴을 변하여 돌아갔다. 경인년간에 백씨가 향시(鄕試)에서 누차 합격을 하고 공은 아직 익숙하지 못한 솜씨였는데 함께 회시(會試)에 들어가 백씨가 먼저 글을 지어가지고 공의 이름으로 먼저 쓰려하자 공이 사양을 하며 득실(得失)의 일찍 되고 늦게 됨을 어찌 상관하겠습니까? 하였는데 공은 결국 합격을 하고 백씨는 떨어졌다.

그 뒤에 파주(坡州)에 우계(牛溪)를 곡(哭)하고 그대로 성균관에 머물러있을까 했는데 친구인 임(林)공 환(懽)이 말렸다. 그것은 시국의 의론이 달라졌기 때문이었다. 공은 즉시 집으로 돌아와 탄식을 하며 자중이 아니었더라면 내가 위태로울 뻔 했다고 하였다. 공이 처음에 이이첨(李爾瞻)으로 더불어 구교(舊交)가 있었는데 이첨이 폐모론

(廢母論)을 주장하자 공은 즉시 관계를 끊어 버렸는데 하루는 길에서 만나 공이 피하자 이첨이 억지로 잡고 이야기를 하거늘 공은 안부만 나누고 즉시 작별을 하고 갔다. 공이 교유를 한 사람은 청음선생 같은이나 일시의 명사들이 많았지만 여러 해를 낮은 벼슬을 하면서도 단 한번도 권세있고 귀한 사람의 문을 찾아가지 않았다. 그리고 처음 고암공의 병이 위독했을 때는 똥도 맛보고 하늘께 기도도 드리고 하기를 옛사람처럼 했고 기일(忌日)이 계동(季冬)에 있게 되었는데 아무리 서리 눈이 매섭고 추워도 목욕하기를 꺼리지 않아 종신토록 이날만은 상인노릇 하기를 조심스럽게 했다. 이밖에도 모두 남들이 미칠 수 없는 일이 많았다.

서숙부(庶叔父) 자호(子湖)가 일찍 부친을 잃어 고암공이 사랑하여 길렀는데 공도 삼촌을 섬기는 도리를 다하고 그 상장(喪葬)에도 슬퍼하고 도와주기를 극진히 하였다.

세 누이가 모두 사인(士人)에게 시집을 갔는데 그 장(長)인 오급의 아내는 왜놈을 만나 굴하지 않고 죽어 공이 항시 의롭게 생각하여 슬퍼하였고 그 다음은 안공의 아내인데 남편이 죽자 갈 곳이 없어 공이 데려다가 한 집에서 지내며 섬기기를 더욱 잘했고 서씨에게로 간 누이동생도 남편집이 가화(家禍)를 당하여 남편이 귀양지에서 죽고 누이와 자녀가 또 갈 데가 없게 되어 공이 또 데려다가 사랑하고 도와주어 변하지 않았다. 그밖에도 자질(子姪)들 중에 가난하고 의지할데 없는 자는 모두 서둘러 거두어 주었다.

공의 집에는 선세(先世)로부터 재산을 나누어주는 문서가 없었는데 공은 자질들에게 훈계하기를 우리 집은 효도를 전해오며 본래부터 문서가 없고 다만 선군자가 입으로 일러주신대로 기준을 하였으니 부조(父祖)를 욕되게 하지 말라 하였다. 항상 소학(小學)과 삼강록(三綱錄)으로 자녀들을 가르쳐 외우고 익히게 하였다. 공은 경서나 백가의 글을 통하지 않은 것이 없었고 문장을 만들 때에 막힘이 없었다. 찾아와 배우겠다는 자가 있으면 자상스럽게 가르쳐주며 싫증을 내지 않았고 이따금 산 늙은이와 들 농사꾼들로 더불어 왕래를 하며 자주 의식이 곤란한 지경에 이르러도 태연했다.

공은 융경 무진(선조원년, 1568년) 8월 26일에 출생하여 숭정 정축(인조, 1637년) 9월 21일에 작고를 했으니 향년이 70이었다. 초배는 안동김씨니 현감 춘(春)의 손녀요 1남 몽우(夢禹)를 두었으니 진사요. 후배는 창원정씨, 진사 창운(昌運)의 딸이며 3남을 두었으니 몽희(夢羲) 몽염(夢炎) 몽요(夢堯)다. 우 희 염은 모두 공보다 먼저 죽었다.

3녀도 정씨 소출이니 김남기 최종해 이상하는 그 사위다. 측출(側出)의 남(男)은 몽리(夢鯉)인데 무후이고 여는 첨추 유영남에게 시집갔다. 몽우의 2남은 진망 진혁이요 3녀는 양문거 이귀현 김형지의 대(對)가 되었다. 몽회의 1남은 진기요 몽요의 3남은 진수 진태 진첨이요 최종해의 3남은 경 성 정이요 2녀는 생원 유종신 김수오의 처가 되었고 이상하의 3남은 춘보 춘휘 춘방이요 3녀는 문과급제 이극형 양처중 염세주의 처이니 내외 증손이 이제 수십명이 되었다. 면지, 익지, 임지, 순지, 정지, 기지, 택지, 득지, 경지, 응지, 윤지, 휘지, 채지가 모두 증손남이요 진억, 장륜, 민휘, 김수인, 박장증, 김진, 김수하, 이시열, 이성필, 이한준이 모두 증손서요 양정기, 석기, 태기, 김기하, 대하는 외증손이다.

대저 공의 행의와 지조는 가전(家傳)에서 얻어진 것인데 그 효우(孝友)의 성격은 실로 유래가 있다. 일찍이 소쇄공의 효자부(孝子賦)를 살펴보니 무려 수백운(韻)을 달았는데 그 말 뜻이 간절하고 지극하여 요모저모로 설명을 하였으니 만약 효도의 심덕을 얻은 사람이 아니라면 형용해서 말할 수 없는 것이었다. 그래서 하서선생도 그 운자에 맞추어 화답하기를 진지하게 하였던 것이다. 그러니 그 효덕(孝德)의 한줄기가 소쇄공으로 부터 고암공에게 흐르고 고암공에서 공에게 흘러 3세의 성품이 그렇게 된 것이다. 그래서 공은 평생을 몸을 다스리는 법도가 모두 효덕에서 미루어 나온 것이었다. 참으로 효는 백행의 근원이요 인을 행하는 근본인 것이다.

아! 존경할만 하도다. 공이 작고한지가 이제 50년이 되었다. 아직도 행장이 없어 공의 진태(晋泰)가 더욱 오래가면 더욱 묻혀질 것을 염려하여 정익(挺翼)을 찾아와 부탁을 하기를 간곡히 하니 정익이 그럴 위인이 못된다고 사양을 했으나 돌아보건대 우리 선조 금강(錦江)공이 고암으로 더불어 실로 동문(同門)이어서 조금은 공의 세덕(世德)을 들은 바가 있었으며 진태와도 준례상 계분(契分)이 있는 터라 많이 사양할 수가 없어 마침내 그 가장(家狀)에서 간추려 우(右)와 같이 엮어 주는 바이다.

(1890년 중춘 하 보름에 기정익 삼가 올림)

4

소쇄원 숨은 그림의 실체, 소쇄원 목판도 –
태극도법

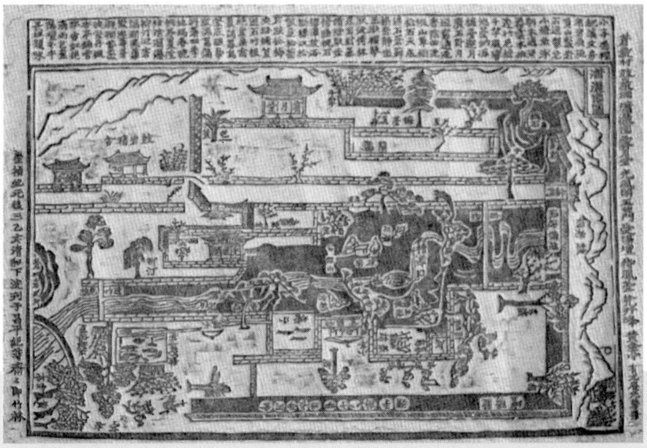

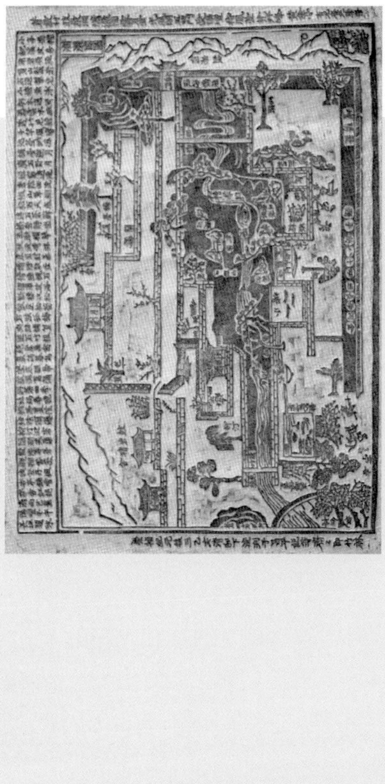

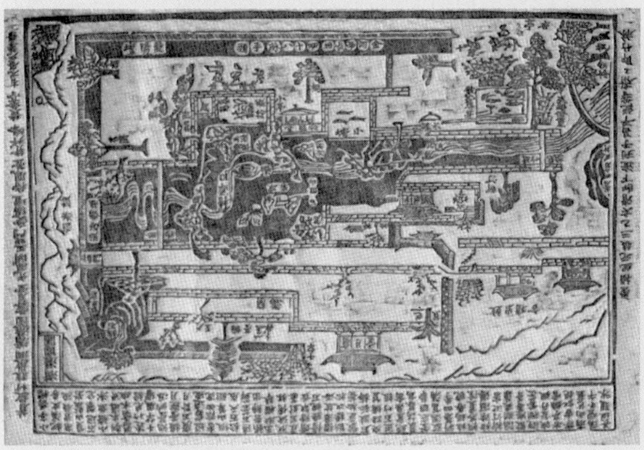

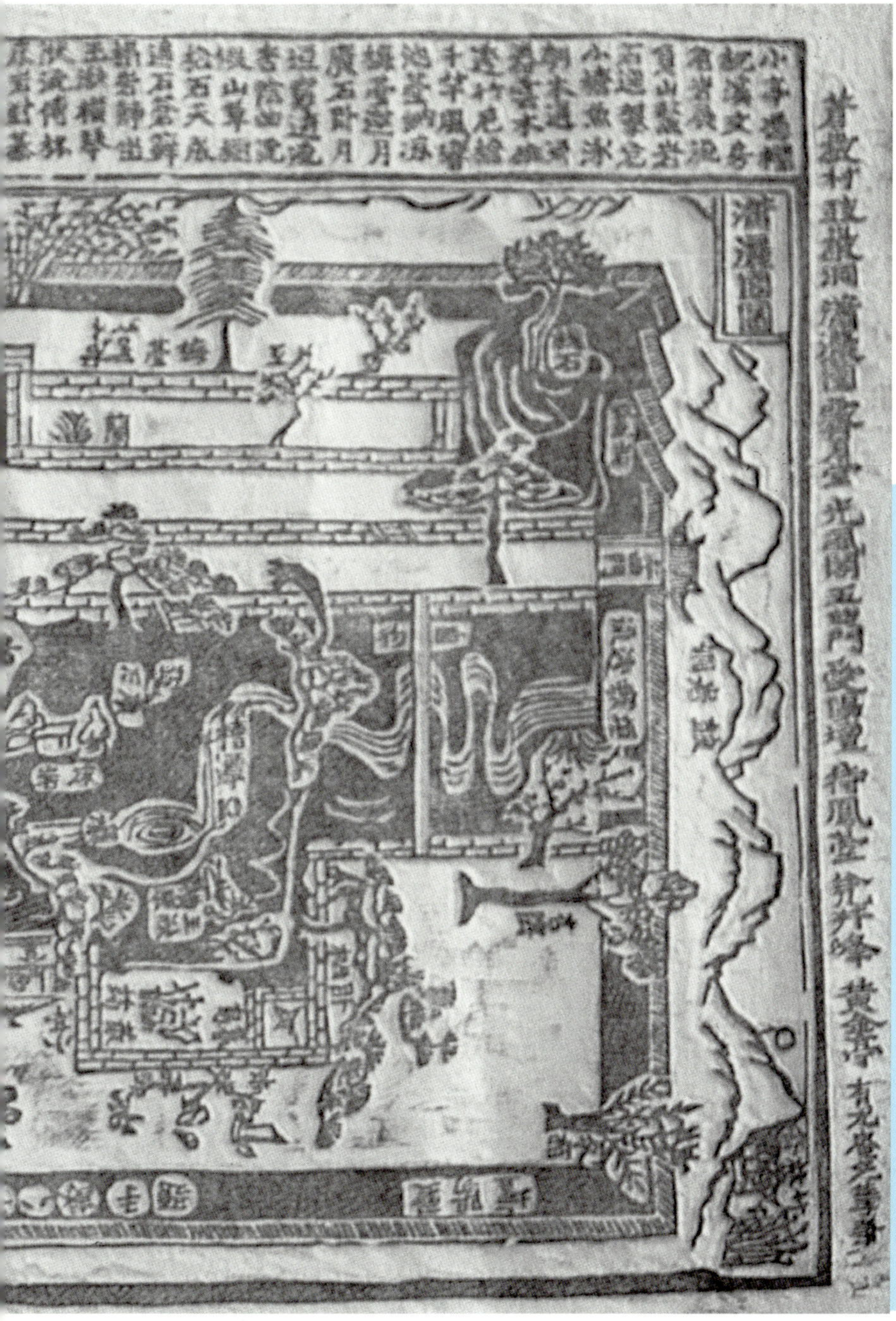

소쇄원 목판도 – 1755년 제작, 탁본 : 이동호

조선 영조 31년(1755년)에 제작된 소쇄원 목판도가 전해 내려오다가 소쇄원이 알려지면서 많은 유물과 함께 도난을 당했다. 불행중 다행스럽게 탁본 한 점을 해놓은 것이 있어서 그것을 근거로 새로이 판각을 하여 현재에 이르고 있다. '소쇄원사실(瀟灑園事實)' 이라는 문헌에 십 여채의 정자류가 등장하며 전체 규모가 3만여 제곱미터(1만여 평)에 이른다라는 내용이 있는데 이 내용과 목판도를 근거로 현장을 실사해보니 요소요소에 흔적들이 남아 있음을 알 수 있었다. 복원을 할 때 중요한 자료로 활용될 것으로 생각한다. 소쇄원도는 한국의 전통회화 기법인 '태극도법(太極圖法), 우주도법(宇宙圖法), 일명 로단식회전기법(路段式回轉技法)' – 그림을 그리는 사람이 움직이면서 보이는대로 사물을 그리는 회화도법 이다. – 에 의해 그려져 있어서 입체감과 다각적 측면을 엿볼 수 있다. 이 글에서는 태극도법으로 독화(讀畵) 할 수 있도록 탁본도 1 · 2 · 3으로 제시하였다.

(1) 입구쪽에서 애양단쪽으로

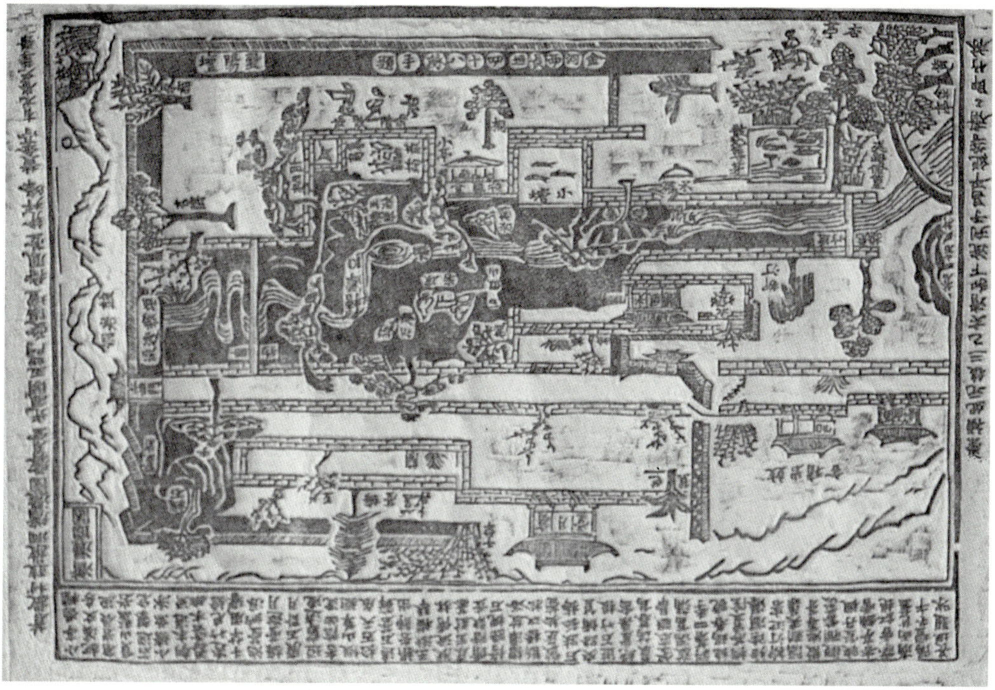

소쇄원 목판도 탁본 1

고산(鼓山) 정상에서 흘러 내려오면서 능선을 형성한 지네등이 원래의 소쇄원 입구라고 한다. 지네등 산끝등을 왼허리춤에 끼고 감아돌면 창암촌(당시의 안집-살림집)이 왼편 둔덕에 있고 오른편 가까이에 황금정(黃金亭)이 자리하였다.(현재의 주차장 모퉁이 너머) 불두화, 백도화, 무궁화 주단을 살포시 즈려밟고 수박정(水泊亭) 유혹을 간신히 물린 후에 몇 걸음 옮기다보니 홍교(虹橋)-무지개다리-가 비속(非俗)의 세계-선계, 이상향, 무릉도원, 유토피아, 아카디아-로 나를 이끈다. 행정(杏亭)을 오른편에 빗겨두고 대나무 오솔길을 지나 종자 앞세워 나귀에 몸을 의지한 채 대봉대(臺鳳待)쪽으로 길을 재촉하는 모습이 판각에 드러나 있다. 귀를 찢는 듯한 나귀굽소리와 태산같은 그림자에 화들짝 놀란 농어란 놈이 소당(小塘)을 한바탕 휘젓는구나. 벽오동아! 너의 푸르른 기상은 여전한데 봉황은 어느 때나 깃들련지. 오른쪽으로 고개를 돌리니 관덕사(觀德榭)의 과녘이 심신을 달래라 하고, 고개 들어 멀리보니 할미봉 옹정봉에 죽림(竹林) 절등(絕等) 두 곳의 재(齋)가 어서오라 눈짓하네. 마중하는 이를 앞세우고 몇 걸음을 가다보니 동백은 여전하고 애양단(愛陽壇)이 눈에 드네. 부모님을 그리는 마음에 잠시 머뭇하며 갓끈을 여미어본다.

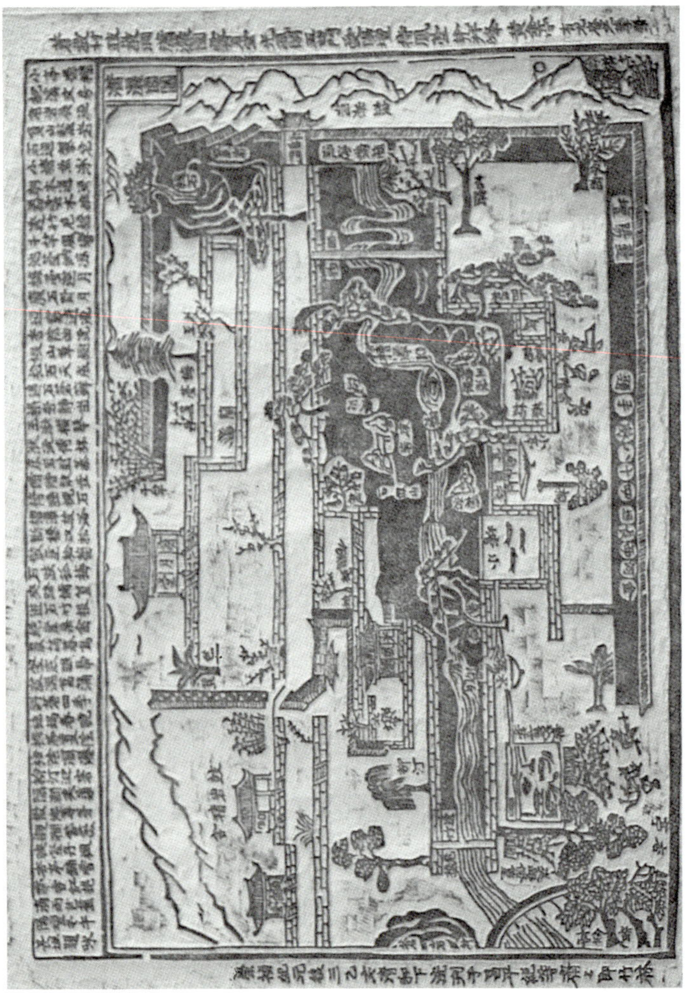

소쇄원 목판도 탁본 2

(2) 애양단에서 오곡문쪽으로

제월당으로 향하려고 발을 옮기니 한 켠에 살구나무가 귓속말을 전하네. 천수를 누리시려거든 나를 잊지마세요. 살구나무 어여쁨을 간직하고 외나무다리를 건널제 담장 너머 멀리 산정상 즈음에 고암동(鼓巖洞)이 웅혼함을 맛보이네. 눈을 낮추니 한천정사(寒泉精舍)라. 그 옛적의 낭랑한 목탁소리, 한가로운 풍경소리가 열의에 찬 글소리 되어 귓전을 울리는구려. 마을 사람들은 한천정사로 접어드는 휘어진 길녘을 장자모퉁이라고 이른다네. 아마도 자연에 묻혀 학문을 했다는 중국의 옛 성현 장자를 연상하여 빗댓음이 아닐까? 굽어보니 담장 밑으로 지석(괸돌, 축대)이 오백년을 이고 있어 계곡물의 흐름을 원활히 해줌은 참으로 인상적이다. 인간의 자연에 대한 순응이며 인간과 자연의 조화가 아닐까? 별똥별보다 못한 것이 인생인데... 회화나무와 괴석을 마주하니 남가일몽(南柯一夢), 일장춘몽(一場春夢)이 주마등처럼 스치네그려.

(3) 오곡문쪽에서 제월당쪽으로

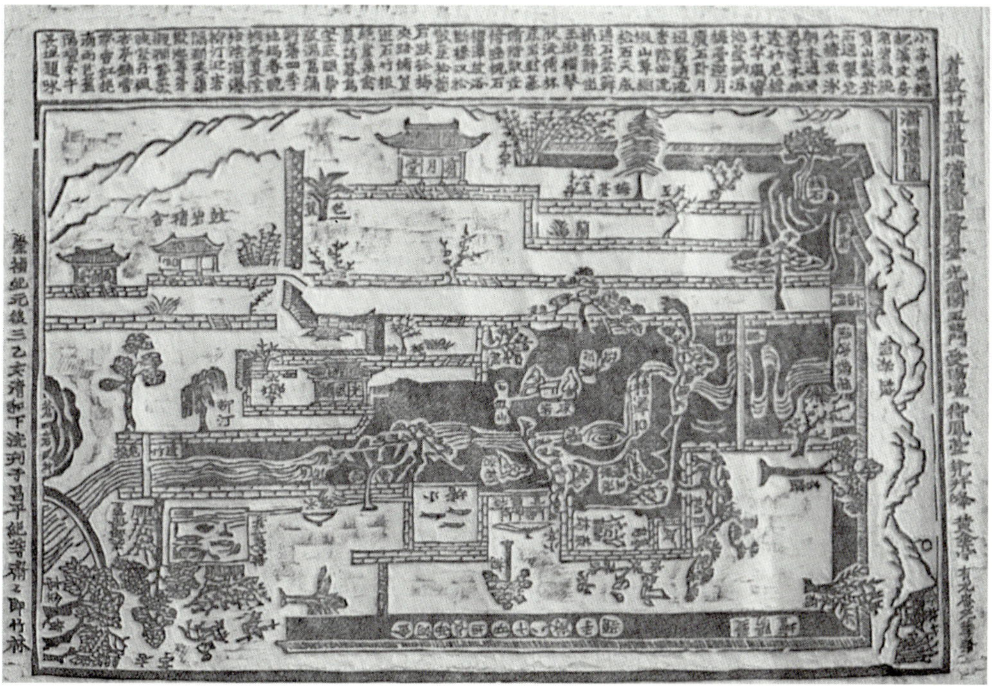

소쇄원 목판도 탁본 3

오곡문(五曲門)을 뒤로하니 담장에 새겨진 '소쇄처사양공지려(瀟灑處士梁公之廬)'라는 문패, 담장 바로 너머에 신위를 모시고 예를 갖추던 제단, 측백나무, 산사나무, 조릿대, 제월당(霽月堂), 매화나무, 고암정사(鼓巖精舍), 부훤당(負暄堂)이 눈앞에 다가온다. 제월당에서 천리길 마다않고 찾아온 지기(知己)와 회포를 푸느라 까만 밤이

하얗게 지새는 줄도 모르더라. 학덕 높은 선비가 찾아드니 고암정사 학동들도 신이나서 담장에 턱을 괴고 빼꼼히 엿보네. 차와 곡차로 몇 날 며칠이 계속된 후 광풍각(光風閣)으로 내려와 좌장을 둘러싸고 학문을 논하니 보름달이 몇 개나 떠올랐던고? 학론을 잠시 쉬고 한 선비가 거문고를 튕기는데 석가산(石假山) 곁의 두 선비는 흑백돌을 주거니 받거니. 마실 나온 두루미는 이게 웬 횡재런가? 양 날개가 절로 들썩이네.

5

중흥기의 소쇄원을 재현하다

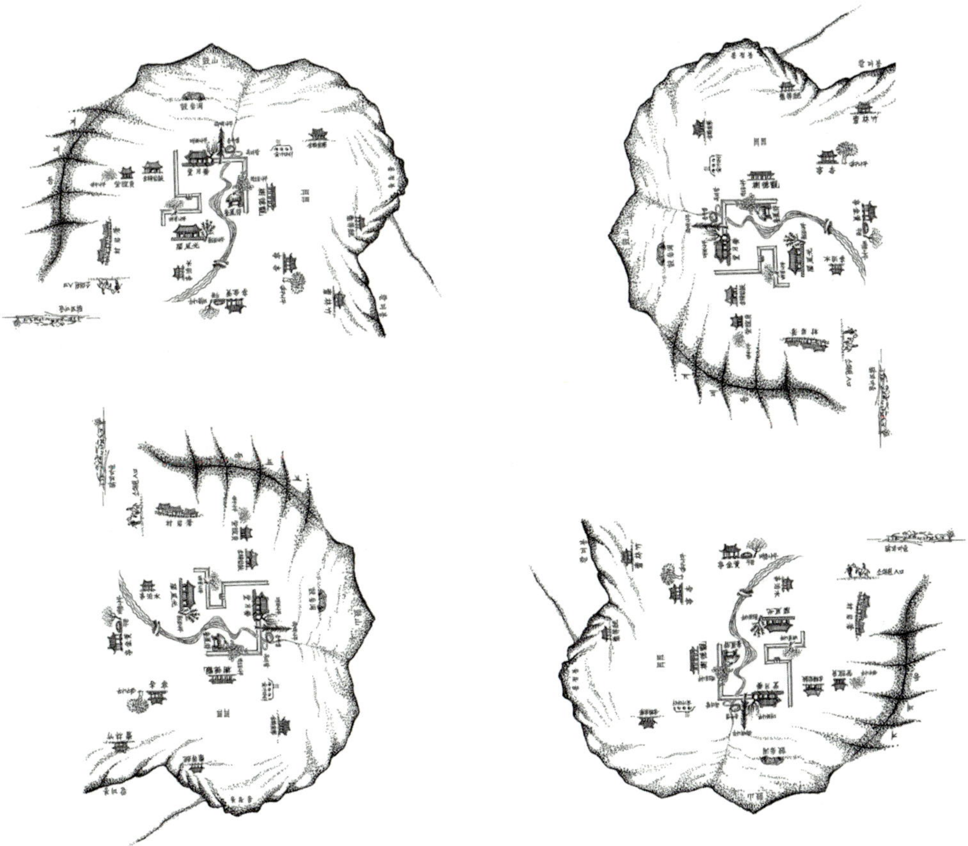

소쇄원 재현도는 광주광역시 진흥중학교 교사이신 신태영 화백,
부인 박여령님과 매개 역할을 한 조충래님의 노고로 탄생하였습니다. 지면을 통해 감사드립니다.

학덕과 기품이 빼어나고 당대 제일의 학자요 경세가인 스승 정암 조광조 선생을 모시고 학구열을 불태우던중에 훈구세력 등의 역습을 받아 정암선생께서 전라도 능주로 유배되어 한 달만에 사약을 받고 세상을 하직하니 소쇄 양산보는 선대에 터를 잡은 담양 지곡리로 돌아와 속세의 연을 멀리하고 은둔의 장소를 다졌으니 바로 소쇄원이다. 초정 또는 소쇄정 이라는 하나의 정자류로 시작하여 아들(양자징), 손자(양천운)에 이르기까지 약 70년간 1만여 평의 부지에 10여 채의 정자류와 여러 구성요소들이 총합된 원림을 조성하여 정암 조광조 선생의 학통을 이었고 호남의 학문과 정신사상의 중심적 역할을 하였으며 전국의 많은 현사들과 교류함으로써 호남의 학풍과 기상을 크게 진작하였다.

소쇄원사실과 소쇄원 목판도 및 현지 실사 그리고 구전을 통해 들은 내용을 종합하여 중흥기의 소쇄원을 재현해보면 다음과 유사할 듯하다.

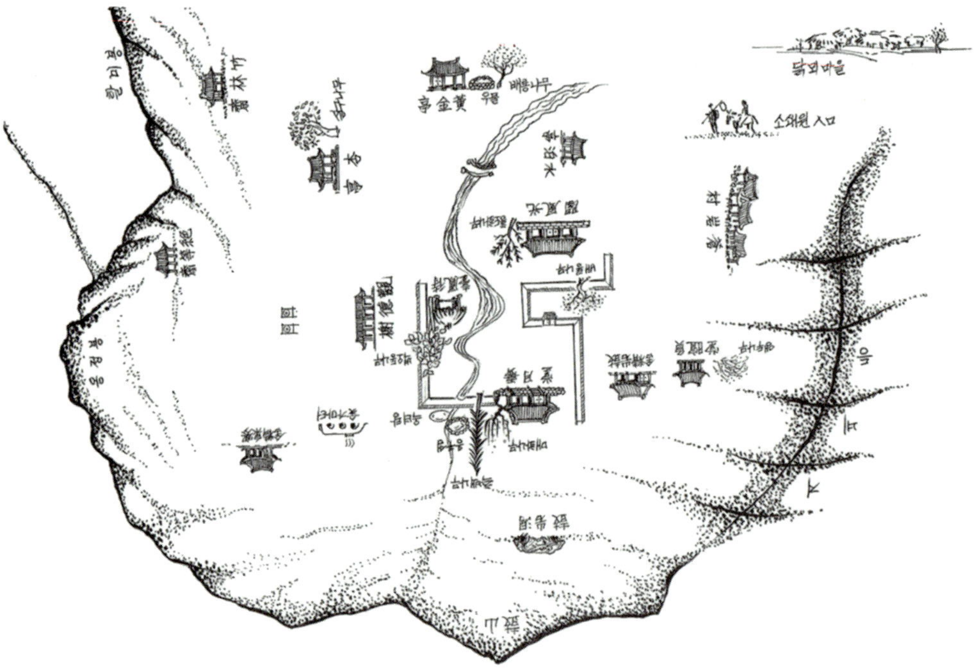

고산(鼓山)의 줄기인 지네등을 왼편에 끼고 오른쪽으로는 닭뫼마을이 위치한 가운데 소쇄원의 초입에 들어서니 들녘 가운데 농사철 새참이며 잠시나마 고단한 몸의 피로를 풀어줬을 황금정이 시야에 들어온다. 고개를 들어보니 죽림재와 할미봉이 지척에 있음을 알린다.

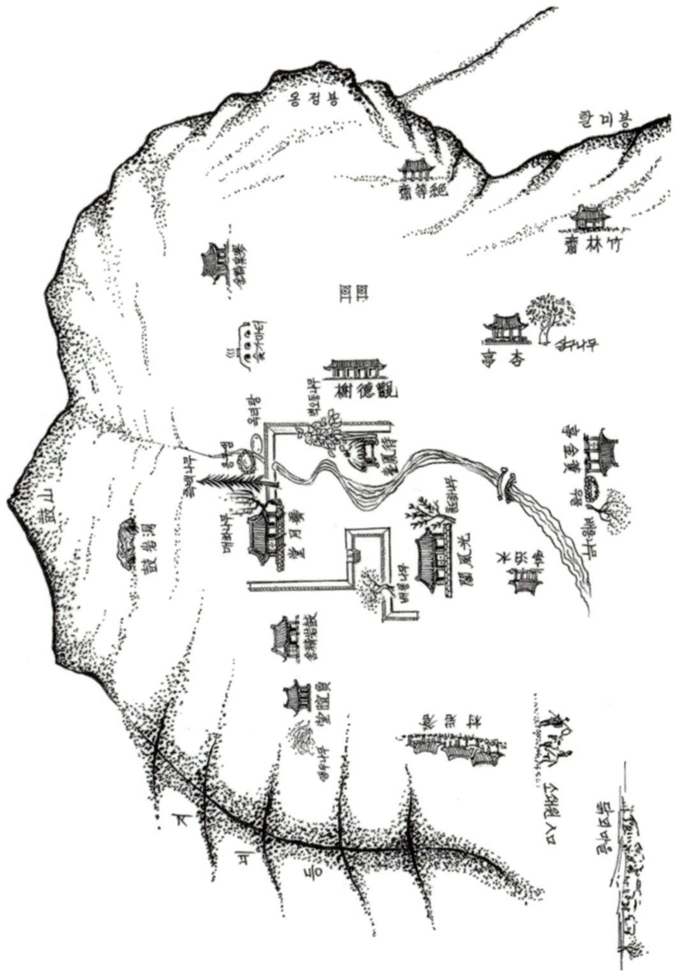

수박정과 행정을 좌우로 두고 길을 나아가니 광풍각, 대봉대, 관덕사, 절등재와 옹정봉, 한천정사가 손짓한다.

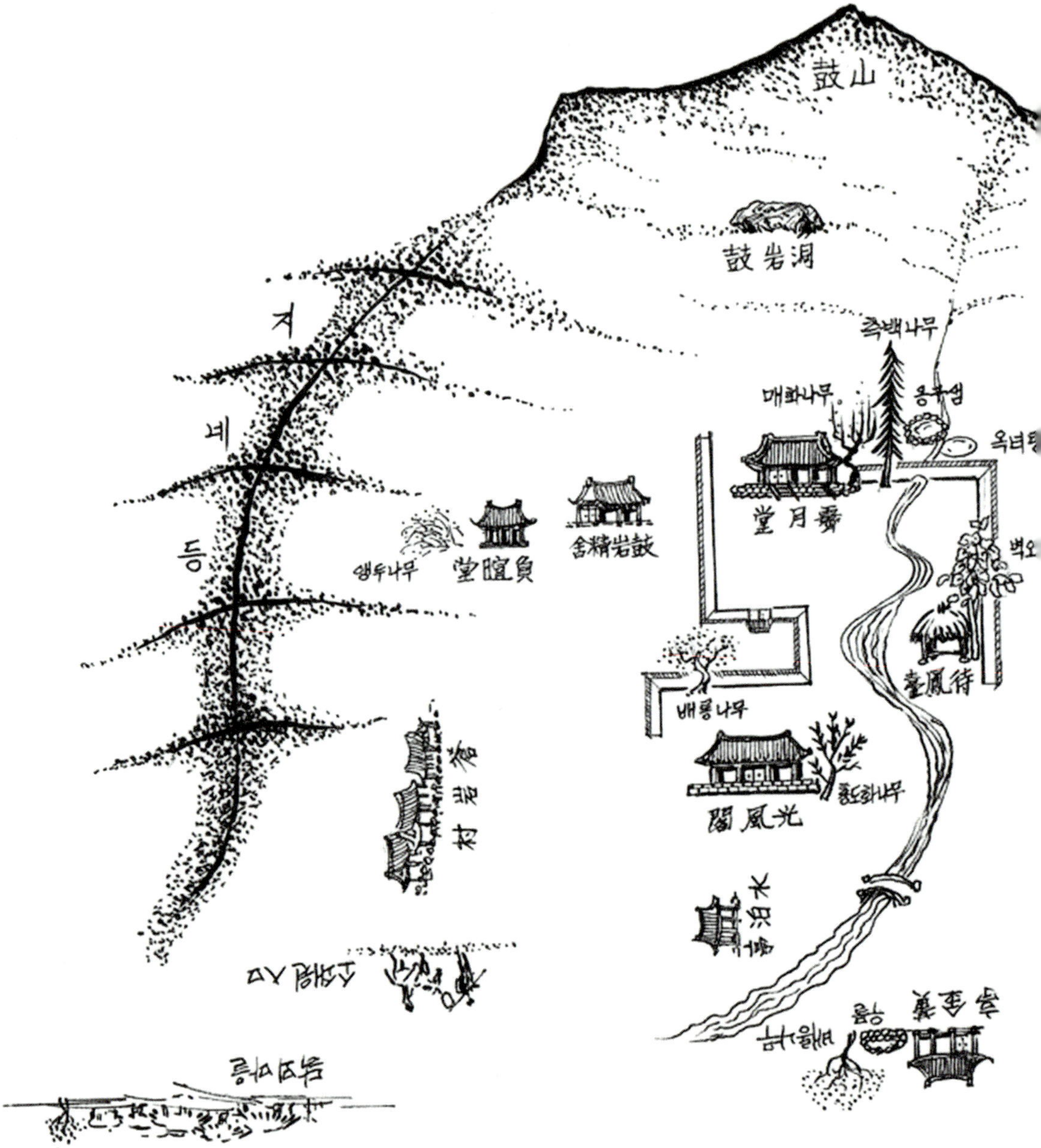
鼓山
鼓岩洞
측백나무
매화나무
霽月堂
負暄堂
鼓岩精舍
待鳳臺
배롱나무
光風閣
蒼岩村

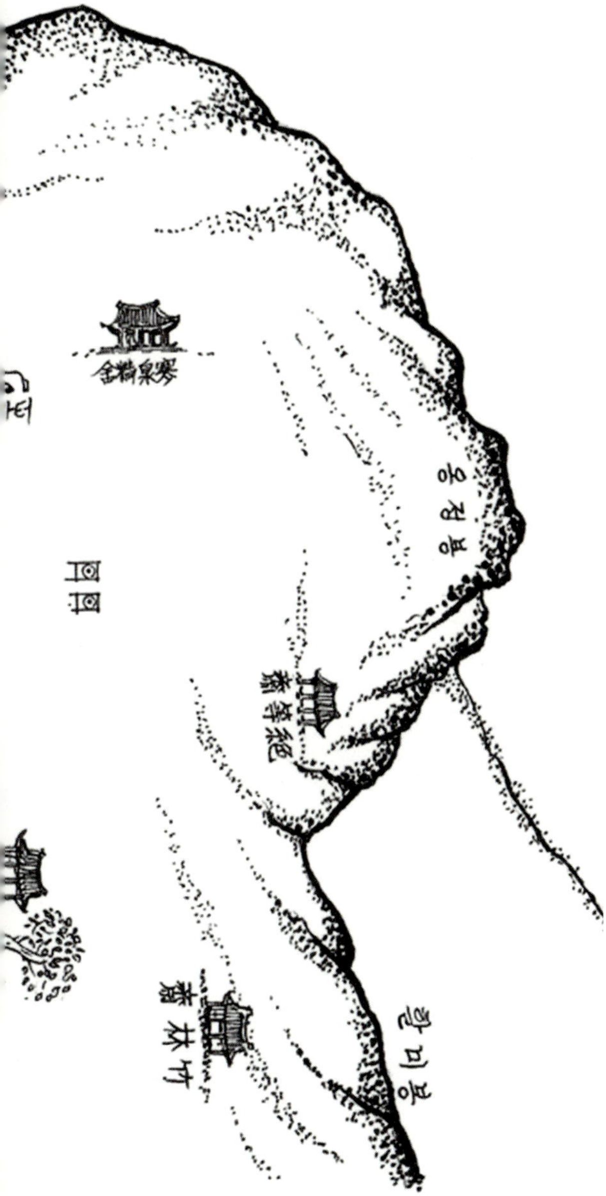

옥녀탕의 유혹을 애써 뿌리치고 몇 걸음을 움직이니 삶의 현장인 숯가마터가 반긴다. 옹구샘에서 목을 축여 갈증을 달래고 정상인 고산을 올려보니 기상이 범상치않구나! 눈을 내려뜨니 고암동이 힘찬 기운을 내뿜으며 고암공의 기개를 전하네. 멈칫했던 발걸음을 옮기니 도연명, 주자선생이 그랬던 것처럼 오곡에 제월당을 짓고 거처했던 소쇄공의 흔적이 남아있구나. 몇 발자국을 더하니 둘째, 셋째 아들이 거처했던 고암정사와 부훤당이 단아하게 서 있네. 얼마나 많은 현사들이 오갔으며, 얼마나 많은 기예출중한 학동들이 두 눈을 반짝이며 배움에 열을 올렸을꼬!

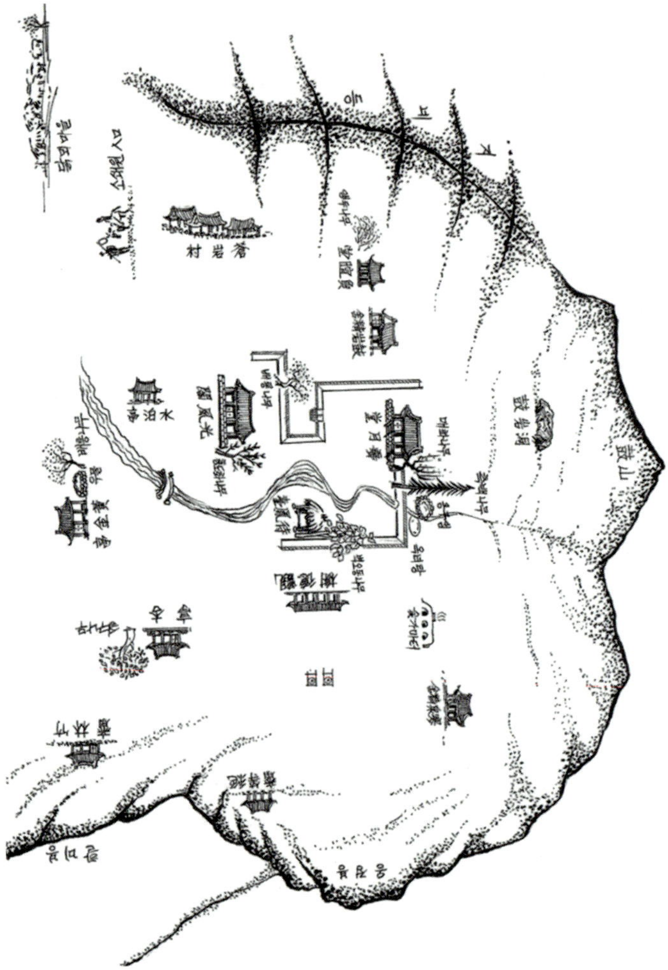

지네등 끝줄기 따라 내려오니 선대에 조성한 안집(살림집)이 위치한 창암촌에 발걸음이 멈춰지네.

6

소쇄원 엿보기 –

하나를 통해 전체를 안다

일즉통(一卽通) 이라.

하나를 통하여 전체를 알 수 있듯이 소쇄원을 제대로 이해한다면

우리문화와 문화유산을 이해하는데 상당한 도움이 될 것이라고 확신한다.

원림, 정자류, 서원, 향교, 궁궐, 사찰 등은 특히 그렇다.

일즉통(一卽通) 이라. 하나를 통하여 전체를 알 수 있듯이 소쇄원을 제대로 이해한다면 우리문화와 문화유산을 이해하는데 상당한 도움이 될 것을 확신한다. 특히 원림, 정자류는 더욱 그렇다. 구성요소를 중심으로 설명하겠다.

우리의 문화유산은 음、양, 정신、사상적 요소, 건축적 요소, 조경적 요소, 석물 요소, 수(水)공간, 신앙적 요소, 행위적 요소 등에 유의하면서 대해야 한다.

이전처럼 유명하다니까 그저 보고 오는 것과는 달리 거기에 깃들어 있는 의미、정신、사상 등을 보아야 한다는 말이다. 그래야만 은은한 향기와 진한 감동을 느낄 수 있다. 그렇지않다면 다수의 방문으로 인해 훼손 멸실의 가속화만 있을 뿐이다. 차라리 가지 않는 것이 관리보전에 도움이 될 것이다.

우리의 선인들은 총체적 학문인 우주학을 하셨기에 그 영역이 정치、경제、사회、문화、의학、역학、조경、예술 등 미치지 않는 곳이 없었다. 우주를 이루는 본체는 음、양이다.

예를 든다면, 하늘、땅, 남、녀, 낮、밤, 해、달, (※1)홀수、짝수, (※2)원형、방형, (※3)암키와、수키와, (※4)장작과 아궁이 등이며, 우리의 문화유산 요소요소에 스며 있다. 천원지방(天圓地方), 하늘은 둥글고 양이요 지동설의 입증 이전까지는 땅은 각져 있고(사각형) 음이라고 생각했다.

지동설을 얘기할 때면 코페르니쿠스, 갈릴레이, 콜롬부스, 마젤란을 말하면서 김석문, 이익, 홍대용, 박지원, 이민철, 손이영 등 우리 선인들은 왜 말하지 못하는가? 우리의 문화유산은 각기 별개가 아니라 장소와 형태의 차이가 있을 뿐 구성요소와 내용은 대동소이하기에 소쇄원을 통하여 전체를 조망할 수 있는 시각을 가졌으면 하는 바람이다.

무등산 원효계곡을 오른쪽으로 두고 산모퉁이를 휘감아 돌면 오백년의 숨결이 있는 소쇄원을 만나게 된다. (※5)(※6) '황금정(黃金亭)' 이라는 정자터와 우물터로 추정되는 곳이 복원에 대한 기약도 없이 논과 주차장으로 변했기에 저자 또한 문화유산의 훼손 멸실자라는 죄책감을 느끼며 입구에 들어선다. 그런데 이것은 또 무엇인가?

※1 문은 세짝, 접해있는 아래쪽은 네칸으로 나뉘어 있다. 3은 홀수로 양(陽,+)이고 4는 짝수로 음(陰,−)을 나타낸다.

※2 바깥쪽의 둥근기둥은 양(陽, +), 안쪽의 방형기둥(4각기둥)은 음(陰, −)을 의미한다.

※3 언덕으로 이루어진 기와가 숫기와(陽, +)이고 골로 이루어진 기와가 암기와(陰, −) 이다.

※4 아궁이가 음(陽, +)이고 나무가 양(陽, +)이다. 음과 양이 만나니 불꽃이 튄다.

※5 '황금정'(黃金亭)으로 추정되는 곳의 석축대. 현재는 논으로 바뀌었다.

※6 '황금정'(黃金亭)으로 추정되는 터. 현재는 논이 되었다.

나를 반겨 맞이해주던 해묵은 (※7)불두화나무와 (※8)백도화나무 그리고 무궁화나무는 온데간데 없고 수로는 절반으로 줄었으며 없던 축대를 쌓아 도로를 확대포장했더라. 참으로 통탄을 금치 못할 일이요 우리들의 천박한 문화의식의 표출이라 아니할 수 없다.

'창암촌(蒼巖村)' 이라는 안집(살림집)과 '수박정(水泊亭)' 이라는 정자터로 추정되는 곳을 왼쪽에 끼고, 대숲 사이를 흘러 외부로 빠져나가는 물줄기 위로 다리가 놓여 있다.

초가지붕이 슬레이트로 바뀌고 온 나라가 시멘트로 뒤범벅이 되기 전까지는 이 곳에 홍교(虹橋 : 무지개다리)가 있었다. (※9)홍교는 사찰 입구의 (※10)일주문, (※11)서원、향교의 홍살문처럼 속(俗)과 비속(非俗)의 경계요, 마음을 정갈히 가다듬고 옷매무새를 단정히 하는 상징적 구조물인 것이다.

그런데 지금 홍교는 흔적도 없고 (※12) '퇴비증산' 이라는 글귀와 함께 시멘트 다리가 놓여 있다. 나는 이곳을 지날 때마다 우리의 문화유산과 정신、사상의 파괴를 알리는 서곡을 듣는다.

다리를 지나 (※13)대숲길이 나온다. 본래는 두 사람이 비켜 지나갈 정도의 호젓한 오솔길이었는데 새마을운동을 내세워 시멘트로 확대포장하는 바람에 호젓함은 사라지고 왜곡된 근대화에 신음하는 소리만 귓전에 맴돈다. 위로 올라가면 (※14)담장이 나온다.

우리의 전통 담장에는 기(氣) 사상이 내포되어 있다. 사람이 사는 집안에 상서롭지 못한 기운이 범접하지 못하도록 담을 두른다. 기(氣)가 어려운 이론만은 결코 아니다. 우리의 의식과 생활속에 내재되어 있다. 예를 든다면 기분 좋다, 기분 나쁘다, 기 살다, 기 죽다, 분위기 좋다, 분위기 나쁘다, 기가 막히다, 기절했다, 감기 들었다 등이다.

※7 소쇄원 입구에 있었던 불두화. 지금은 입구가 넓혀지면서 베어져 없어졌다.

※8 소쇄원 입구에 있었던 백도화. 몇 년전 입구가 확대포장되면서 자취를 감췄다.

※9 홍교(무지개다리): 속세와 비속세, 속세와 선계를 상징한다.

※10 일주문: 속세와 비속세의 경계를 의미한다.

※11 홍살문: 속세와 비속세를 나타내며 몸과 마음을 바르게 가다듬는 곳이기도 하다.

※12 홍교(무지개다리)는 온데간데 없고 시멘트다리에 '퇴비증산'이라는 글귀만이 흐릿하게 남아 있다.

※13 소쇄원이 시작되는 대숲길인데 호젓한 오솔길이 새마을운동으로 확대포장 되었다.

※14 나즈막한 전통담장이 보수를 거치면서 원형을 잃고 높이를 더해 장벽이 되고 있다.

우리의 전통 담장은 높이가 나즈막했다. 자자일촌 사회였기에 굳이 담장을 안 쌓아도 되었지만 잡기의 범접을 막고자 담을 두르는 것이다. 혹자는 소쇄원과 마을을 구분, 경계 짓기 위함이라 하는데 이는 담장의 의미와 그곳에 담긴 사상을 간과한 이야기다. 또한 소쇄원 조성 당시에는 마을이 형성되어 있지도 않았다. 그리고 소쇄원 외원(外園)에 관한 내용을 도외시한 얘기라고 생각한다. 아낙네들이 담장에 기대어 속내를 나누던 모습이며, 담장 너머로 떡을 나눠 먹던 모습이 눈에 선하다.

하지만 지금은 어떠한가? 경제적 가치 중시와 흉악한 인심때문에 담장을 높이 쌓고, 깨어진 병 조각을 꽂아 두고, 철책을 두르고 감시기구까지 설치하지 않는가.

지금의 담장 높이는 우리들 마음의 벽 높이요, 각종 장치는 불신의 소품들이 아닐까?

안쪽으로 들어서면 (※15)대봉대(待鳳臺)가 나온다. 귀한 손님을 봉(鳳)에 견주어 맞이했던 곳이며 태평성대와 성군(聖君)을 애타게 기다리는 상징이기도 하다. 우리 선인들은 나무 한 그루, 꽃 한 포기에도 등급(1~9등급)을 두었으며 의미를 부여하여 역할에 맞게 심고 대우하였다. 또한, 가정에서는 제사를 모시기에 신을 쫓는다는 의미를 지닌 배롱나무와 여성들의 정숙함을 헤친다는 밤나무처럼 심지 않는 것도 있었다. 그러나 요즘 사람들은 그런 의미를 모를 뿐더러 감각 기관 중에서 유독 시각만 발달하여 화려하고 오래가는 수목화초라면 가리지 않고 심는다.

하기는 자신의 배우자마저 가치관이나 삶의 태도 등은 아랑곳하지 않고 키 크고 얼굴 예쁘면 덥석 선택하는 경우가 많다던데... 화무십일홍(花無十日紅)이라 했거늘!

으뜸으로 삼았던 수목화초는 매(梅)、국(菊)、죽(竹)、송(松)、연(蓮)이며 등급에 들지 못하는 것들을 잡초、잡목이라 하여 뽑고 베어냈다.

인간도 예외는 아니다. 등급이 있다.

예전엔 태생적 신분이었으나 지금은 정신、사상、품위에 따라서 등급이 엄연히 존재한다. 인간 이하의 언행을 한 자에게 인간으로서 가치가 없다는 뜻으로 '잡놈、잡년' 이라 하지 않더냐! 요즘 사람들은 이런 소리를 듣고도 그저 웃더라. 모두 다 도를 깨쳤나보다.

대봉대와 의미를 같이하는 곳으로 해운대, 경포대, 을밀대, 신선대, 몰운대 등이 있으며 청와대 또한 대통령이 사는 집이 아니라 국빈을 맞이하는 곳이다.

대봉대 앞에는 (※16)벽오동나무가 있다.

봉황은 벽오동나무에서만 깃을 내리고, 대나무 열매와 대나무 이슬을 먹고 산다하여 주위엔 벽오동나무와 대나무가 심어져 있고 (※17)샘이 있다. 이 또한 나무 한 그루라도 의미있게 심어야 할 곳에 심었던 선인들의 의미로운 삶이 아니던가.

몇 걸음을 옮기면 (※18)애양단(愛陽壇)이 나온다.

'애양' 은 '효경' 에 출전하는데 부모공양, 곧 효(孝)를 의미한다. 바로 앞에는 효를 상징하는 (※19)동백나무가 심어져 있다. 동백은 사철나무요 추운 겨울철에 꽃을 피운다. 이렇듯이 사시사철 한결같은 마음으로 부모를 공양하되, 환절기 및 추운 계절엔 더욱 더 지극정성으로 부모님을 공양하라는 의미이리라. 이와 같은 맥락에서 조상의 묘소앞에 심기에 좋은 수종중의 하나가 바로 동백나무다. 비록 당신과 제가 저승과 이승으로 나뉘어 있습니다만 당신을 향한 저의 효심은 변함이 없습니다. 평안히 영면하시길 기원합니다. 이런 마음일 것이다.

왼쪽으로 돌면 (※20)오곡문(五曲門)이라는 글씨와 (※21)축대 밑으로 흐르는 물을 볼 수 있다. 오백년을 의연히 품어온 축대도 불가사의한데 물길을 돌리지 않고 자연에 순응하며 조화ㆍ상생을 추구했던 선인들의 정신에 경탄을 금할 길이 없다.

오곡문은 성리학을 집대성한 주자가 무이구곡(武夷九曲) 중 오곡에서 무이정사를 경영하며 학문과 후학 양성을 했던 데에서 비롯한다고 생각한다.

오곡문의 담장 밑으로 물이 다섯 번 굽이쳐 흐르는 것을 의미한다는 말의 근거는 대체 무엇일까? 현재의 현상만을 보았을 뿐 내면을 살피지 않은데서 기인하며 이치에도 맞지 않다.

※15 봉(鳳): 태평성대, 성군, 귀한 손님을 기다리는 곳이다.

※16 봉(鳳)은 벽오동나무에서만 깃을 내린다는 의미, 상징성이 있기에 대봉대(待鳳臺)앞에 벽오동 나무가 심어져 있다. 다른 나무를 심는다면 천만년이 지나도 봉은 오지 않는다.

※17 봉(鳳)은 대나무 열매와 대나무 이슬을 먹는다하여 대나무 이슬이 모이는 샘이다. 위쪽에 대나무가 많이 있다.

※18 부모님을 지극정성으로 보살펴 모신다는 효(孝)를 상징하는 곳이다.

※19 동백나무는 효(孝)를 상징하기에 '애양단' 앞에 심어져 있다.

※20 송나라때 주자(朱子)선생이 무이산 오곡(五曲)에 '무이정사'를 짓고 학문을 한 것처럼 소쇄 처사도 오곡에 '제월당'을 짓고 학문을 했다.

※21 500년의 세월을 의연히 품어 온 축대: 자연에 순응하며 조화상생을 추구했다.

※22 외나무다리를 건널 때 위험하니까 '조심' 하라는 의미로 살구나무를 심었다.

숫자에 관하여 간략히 얘기해 보자. 홀수가 양이요, 짝수가 음이다. 3이 기본이요 5가 중간이고 9가 가장 크고 깊으며 완전하다. 그리하여 천지인(天地人), 초사흘, 삼칠일, 삼신 할머니, 아침、낮、저녁 등이 3에서 비롯하며 심지어 가위바위보를 할 때도 세 번 하지 않는가. 필자의 어렸을 적 기억을 더듬어보면 축구팀 중에서 중심축은 센터 하프라고 하는데 등번호가 5번이었다. 또한 구중궁궐, 구중심처, 구곡간장, 화양구곡, 고산구곡, 구룡폭포, 무주구천동, 대붕(大鵬)이 구만리를 난다 등은 9에서 비롯한다.

(※22)외나무다리를 건너려 하니 살구나무가 서 있다. 살구나무는 무병장수를 의미한다. 여기에서 살구나무는 조심하라는 주의、경고의 말이다. 우리 선인들이 자연물에다 상황에 맞는 뜻을 실어 대화를 나누고 있는 것이다. 묵담(默談), 필담(筆談), 주담(酒談), 화담(畵談), 다담(茶談) 등도 맥을 같이 하는 다양한 대화의 방법이다.

여성들이여, 다담을 시도해 보라! 은은한 차 향기에 그대의 마음을 실어 보낼 때 연초록 미소로 화답하는 남성이야말로 진정 그대의 화담이 아니겠는가? 남성들이여, 묵담을 보내보라! 한 시간이 지나도록 말 한 마디 아니해도 그윽하고 고운 눈빛을 보내는 여성이 그대의 진이 아닐까?

(※23)조담이 용솟음쳐 (※24)바위폭포가 이뤄진다. 폭포수를 봉황의 춤이라 했던가. 옆에는 세월의 유혹에 넘어가 비스듬히 드러누운 (※25)탑암(榻巖)이 있다. 한 사람이 정좌하여 수양을 했음직하다. 소쇄원 목판도에는 좌선 모습의 한 사람이 새겨져 있다.

초、중학교 시절 잘못을 했을적에 선생님은 그 아이를 불러 무릎을 꿇렸는데, 이것을 체벌의 한 방법으로 여겼는지, 수양의 기본자세임을 알았는지, 몰랐는지?

오른쪽 뒤편에 제월당이 보인다. "광풍(光風)"과 "제월(霽月)"은 성리학자 주돈이를 가리켜 "인품이 심히 고명하여 마음결의 깨끗함이 맑은 날의 바람과 비갠 날의 달과 같다"고 읊은 시에서 연원한다.

걸음을 옮기니 담장에 (※26) '소쇄처사양공지려(瀟灑處士梁公之廬)' 라는 글씨가 박혀 있고 뒷 담장은 단(壇) 처리가 되어 있으며, 앞에는 고사한 (※27)측백나무가 의연히 버티고 서 있다. 담장의 글씨는 세상에서 가장 멋있는 문패가 아닐까 생각한다.

앞의 측백나무는 살아서 천년, 죽어서 천년 간다는 학문을 상징하는 나무이다. 따라서 이곳은 학문하는 장소임을 단적으로 알려준다. 뒷담장의 단(壇) 처리는 담장 뒤쪽에 소쇄원을 방문할 때 신위를 모시고 공경의 예를 갖추던 제단이 있기 때문인데 이는 애양단(愛陽壇), 교단(敎壇), 단상(壇上)과 같은 높임, 존경 ,예를 의미한다. 이 곳 제단 옆에도 효(孝)를 상징하는 동백나무 한 그루가 서 있다.

앞으로 향하니 (※28)제월당(霽月堂)이 나온다. 안주인의 거처 공간이 내당이고 바깥주인의 거처 공간이 외당인데 당호를 사용하는 것은 당시 사회에서 가장의 위치, 역할에 기인한 일종의 존칭이다. 연경당, 녹우당, 다산초당, 환벽당, 부휜당, 무기연당 등이 그 예이다.

마당에서 제월당으로 오르는 계단이 두 개인데 왼쪽 것은 주인 전용이고, 오른쪽 것은 내방객용 이다. 이는 사찰, 서원, 향교, 사당, 궁궐 등 절대자나 신적인 존재, 망자를 모신 공간에서 일반인이 중앙의 문이나 계단을 사용하지 않는 것과 같이 상대에 대한 배려요, 예가 아닌가 생각한다.

이곳 (※29)굴뚝에서는 연기가 자주 피어오른다. 아궁이에 불을 지핌으로써 습도 조절과 살균 및 해충을 물리치는 등 관리보전이 잘되고 사람이 거처할 때 난방을 위함이기도 하다. 전통 건축문화재를 관리보전하는 시작이자 끝이라해도 과언이 아니다. 박제화한 문화재는 훼손멸실의 지름길이다. 지금이라도 궁궐, 서원, 향교, 정자류 등 전통건축물에 사람이 살 수 있도록 정책방안을 마련하기를 강력히 요청한다. 제월당 한 켠에 세월을 짐작케하는 해묵은 (※30)(※31)석류나무가 서 있다. 집안의 결속, 협력, 단결을 상징한다. 담장 너머로 (※32)모과나무가 버티어 서 있고 조금 떨어진 곳에 앵두나무가 몇 그루 무리지어 서 있다. 개성있게 생긴 여자아이를 가리켜 '울퉁불퉁 모과처럼 생겼다' 라고 하듯이 음, 양 역할에 의해 여성과 관련있는 수목은 전통조경에서 공간의 한 켠, 뒤쪽에 배치한다. 앵두나무는 형제간의 우애를 상징하여 전통조경수로 자주 등장하며 특히 집안에 심어서 좋은 수종중의 하나다. 앵두나무가 심어진 이 곳은 고암정사, 부훤당터로 소쇄공의 둘째, 셋째 아들이 거처했던 곳이어서 더욱 의미롭다.

제월당에서 광풍각(光風閣)으로 향하는 (※33)일각문(一角門)이 있다. 쿵! 쿵! 머리 부딪히는 소리가 종종 들린다.

대다수는 자신의 무지와 경박함을 모른 채 조상들의 체구가 작아서 문을 낮게 만들었다고 탓하며 화를 낸다. 문을 일부러 낮게 만든 의도처럼 겸손한 마음으로 고개 숙여 예를 갖춘다면 이런 일은 없을 것이다. 무례함과 오만함의 댓가랄까.

문을 나서니 담장과 담장 사이에 해묵은 (※34)배롱나무가 서 있다. 배롱 나무를 살리기 위한 배려에 순간 한없는 부끄러움이 치솟는다. 선인들은 자연과의 조화・상생을 웅변적으로 보여주고 있는데, 우리는 더럽힐 대로 더럽히고 파괴할 대로 파괴해 놓고, 제 숨이 차니까 자연환경 보호를 외쳐대는 것은 아닌지….

아래로 발걸음을 옮기니 (※35)광풍각이 있다. 문을 열어젖히니 물아일체(物我一體)가 되고, 문을 닫으니 아늑한 나만의 학문 공간이 된다. 소쇄원 원내에서 학문의 중심지는 광풍각이다. 학문을 신성시하며 소중히 여겼던지라 이 곳 광풍각 주위에는 벽사(辟邪) – 잡귀를 쫓는다. – 의 상징을 지닌 복사나무와 배롱나무가 여러 그루 심어져 있다. 거기에다 신성구역을 표시하는 ※(36)입석(立石)이 세월에 깎여 있는 듯 없는 듯 서 있어 그 중요함을 증명이라도 해주는 듯하다.

필자는 종종 다음과 같은 말을 듣는다. “백 년 전에만 태어났더라면 나도 이곳에서 기생들과 어우러져 걸판지게 놀았을 텐데, 후대에 태어난 게 한(恨)이로다”라고….

호기는 가상하나 무지의 소리다. 춤과 노래와 술과 기생이 등장하는 곳은 루(樓), 곧 연회장이다. 예를 든다면, 경회루, 광한루, 촉석루, 부벽루 등이다.

여기서 한 가지 언급하고자 한다. 우리 선인들은 집을 쓰임새에 따라서 백 이십여 가지로 분류했다는 설이 있다. 사실이라면 세계에서도 유래가 없으며 고도의 문화생활을 했다는 증거이리라. 예를 든다면 현판의 끝 글자에 따라 정(亭), 당(堂), 재(齋),

루(樓), 헌(軒), 정사(精舍), 대(臺), 전(殿), 각(閣) 등인데 대체적인 의미는 별도로 소개하겠으며 이후 연구의 진행에 따라 자세히 얘기하도록 하겠다.

소쇄원에는 중심을 가로지르는 계곡이 있으며 두 개의 작은 못이 있다. 우리나라의 못은 거의가 방형이다. 따라서 음、양의 조화를 위하여 원형의 작은 섬을 만들거나, 둥근 잎의 연, 순채 등을 심었다. 본래의 의미는 꽃이나 나무를 심기 위하여 못 가운데 둥근섬을 만든 게 아니라는 것이다. 전통한옥의 방 중간지점에 한지 장판을 둥그렇게 오려 붙이는 것도 같은 의미다. 계곡수는 학문에 견주어 물이 끊이지 않고 흐르는 것처럼 학문의 공간인 이곳도 학문이 영속되고 무궁무진하기를 기원하는 도학(道學)을 상징한다. 하지만 이런 상징과 의미에도 불구하고 후대에 마을이 형성되고 인접한 곳에 전남교육연수원이 들어서면서 식수원으로 사용하기 위하여 계곡물 줄기를 돌려버리는 바람에 소쇄원 계곡물이 거의 메말라 버렸다. 자연환경 훼손이고 문화유산 훼손이 아닐 수 없다. 특히 주목할 점은 1992년 일본 오사까 세계정원박람회에서 소쇄원이 대상을 차지한 뒤 국내는 물론 일본, 세계의 정원, 조경학회 및 대학학과 등이 성역처럼 필수 연구답사 대상으로 애지중지하며 방문을 한다는 것이다. 위의 사실이 알려진다면 분노와 함께 국가적 망신과 거센 비난을 면치 못할 것이다. 필자는 이에 대한 질문을 더러 받은 것은 사실이지만 그 때마다 즉답을 피하거나 다른 대답을 하는 등 모면하여 왔으나 더 이상 사실을 왜곡할 수 없는 지경이다. 이에 대해 모두가 다 좋은 방향의 해결책이 있으니 하루빨리 원상회복이 이루어질 수 있도록 해당기관인 담양군, 전남교육청, 문화재청은 나서주길 요청한다.

※23 욕조처럼 물을 담는 통과 같은 곳인데 몸과 마음을 정갈히 한다는 상징성을 지닌다.

※24 힘차게 흐르는 계곡의 물이 도학(道學)을 상징하는 것으로 여겼는데, '전남교육연수원'이 들어서면서 물줄기를 돌려버리는 바람에 지금은 거의 말라버렸다.

※25 홀로 바위에 바르게 앉아서 수양하던 곳인데 세월이 흐르면서 옆으로 누워버렸다.

※26 '국가에서 벼슬을 내려 불러도 거절하고 처사의 삶을 사는 소쇄(양산보의 호) 양선생의 집이다'라는 의미인데 현재의 문패와 같다.

※27 학문을 상징하는 '측백나무'다. 문패앞에 심은 이유는 이 곳이 학문의 장소임을 의미한다.

※28 소쇄 양산보선생이 오곡(五曲)인 이 곳에 거처하면서 학문과 후학양성을 했던 곳이다.

※29 궁궐, 서원, 향교, 정자류 등 한옥은 아궁이에 불을 자주 지펴야 난방은 물론 습기제거, 방충, 살균작용, 자연피막이 형성되어 오랫동안 보존된다.

※30 석류는 집안의 결속, 단결을 상징하는 나무다.

※31 석류꽃이 지고 열매가 맺혀 벌어지면 알이 촘촘히 박혀있음을 볼 수 있을 것이다. '뭉치면 살고 흩어지면 죽는다'는 경구처럼 결속을 상징한다.

※32 모과나무 꽃이다. 모과는 여성을 의미하는데 역할분담의 의미에서 집안의 앞이 아닌 옆이나 뒤에 심는다.

※33 문이 낮아서 머리 부딪쳤다고 조상탓하지 말고 겸허한 마음으로 '예'를 갖춰라.

※34 선조들의 자연과 인간의 조화상생을 배우고 실천하라.

※35 학문을 논하는 신성한 곳에 잡기운 얼씬거리지 말라고 주위에 복사나무를 심어 놓았다.

※36 신성한 학문의 공간에 잡기운 범접을 금지하는 입석(立石)이 버티고 있다.

필자는 지금까지 1755년에 제작된 소쇄원 목판도에 근거하여 이야기했다. 도학·도의를 중시한 눌재 박상, 지지당 송흠, 신제 최산두, 학포 양팽손, 면앙 송순, 석천 임억령, 사촌 김윤제, 하서 김인후, 칠계 김언거, 미암 유희춘, 고암 양자징, 죽천 박광전, 서하 김성원, 제봉 고경명, 창랑 정암수, 고봉 기대승, 송강 정철, 백호 임제, 풍암 김덕보, 은봉 안방준과 정암 조광조에게서 수학한 소쇄 양산보 등 걸출한 인물들이 학맥을 이어오면서 호남의 학문사상에 끼친 영향은 실로 크다 할 것이다. 또한, 국난을 당하여 의병 봉기를 통해 의(義)를 실천함으로써 지행합일(知行合一)의 명분을 만천하에 드러냈으며 이는 동학농민혁명, 한말의병, 광주학생운동, 5·18광주민주화운동 등으로 이어졌다고 할 수 있을 것이다.

우리 문화유산의 근간은 의미·정신·사상이다. 겉만 보고 지나치면서 "볼 것도 없는데 뭐가 그리 유명한가?"라는 말을 자주 들어 온 필자는 가슴 저림을 많이 느꼈다. 이는 자주적이지 못한 외래 위주의 잘못된 교육의 결과요, 주체적으로 우리의 문화유산을 알고자 하는 노력 부족에서 기인한다고 생각한다. 일제는 우리민족을 말살하기 위하여 수 천년간 이어온 우리의 교육과 문화의 뿌리를 파헤쳤다. 그것은 근현대의 암울한 시기를 거치며 방치된 채 고착화하여 현재에 이르고 있다. 그 결과 의식은 천박해지고 의리는 사라졌으며 객관적 판단 기준은 모호해지고 행동은 경솔하며 극단적 이기주의와 흉악함이 난무하게 되었다. 편협하고 지엽적인 서구의 기능적 교육내용과 입시 위주 교육제도의 결과로 제대로 된 사회구성원 배출이 어려워져 급기야 침몰하기 직전의 배에서 아우성치며 좌충우돌하는 지금의 아수라장은 예정된 필연이었다. 선인들은 인간이 갖춰야 할 여섯 가지의 덕목으로 예(禮),악(樂),사(射),어(御),서(書),수(數)를 꼽았으며 순서도 그러했다. 그러나 지금은 어떠한가? 맨 나중에 생각해도 되었던 수(數)-경제, 돈-가 우리를 짓누르는 무기가 되어 날뛰고 있는 세상이 아닌가? 21세기는 문화와 인본의 시대다. 거대한 세계사적 조류에 순항하고 평안한 인간적 삶을 위해서 근간부터 바꿀 것을 제안한다. 무엇을? 어떻게? 교육에 길이 있다고 생각한다. 수 천년간 이어온 우리의 학문내용이 중심이 되고 지금 배우고 있는 서구의 기능적 내용이 접목되는 형태로. 방식이 아니라 특히 입시 위주의 제도가 아니라 내용을 바꾸자는 것이다. 이것이 무겁고 더딜거라면 먼저 유치원, 초, 중학교에 '문화'를 정규교과목으로 개설할 것을 제안한다. 문화는 나와 국가와 민족을 지탱해주는 건전한 의식의 텃밭이요 자긍심이며 지구촌 화합의 초석이라고 생각한다. 일찍이 백범 김구 선생께서도 일갈하지 않으셨던가! 단 하나의 소원이 있다면 우리민족이 문화로 우뚝 서기를 갈망하노라고. 여기에 시운(時運)도 우리를 돕고 있지 않는가? 우리가 오매불망 그리며 애태우는 '문화가 돈'이 되는 시대이니. 지금 당장이 아니라 백년 후를 기약하고 하나씩 실행해 나간다면 튼실한 알곡을 거둘 수 있을 것이다. 머지않아…

7

소쇄원 48영 해제 (瀟灑園 四十八詠 解題)

48영 해제는 최대한 탁본도와 소쇄원 관련 시문 등을 근거로 삼았으며 필자가 오랫동안 현장에서 보고 듣고 체험한 바를 생생하게 전달하고자 노력하였다.

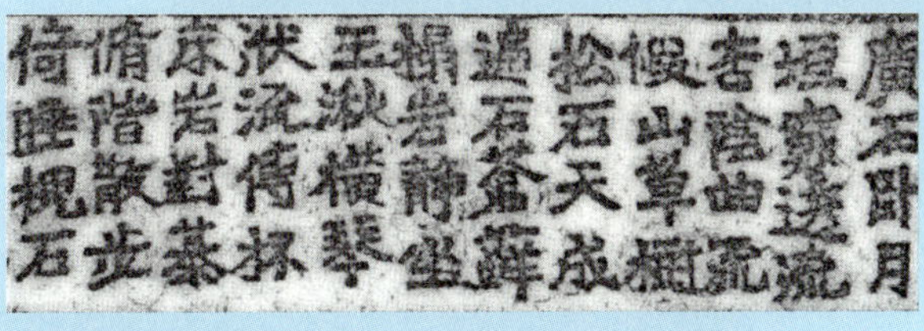

1.

小 亭 憑 欄 (소정빙란) 작은 정자 난간에 기대어.

瀟 灑 園 中 景 (소쇄원중경)　　소쇄원 안에 있는 경물은

渾 成 瀟 灑 亭 (혼성소쇄정)　　어우러져 소쇄정을 이루었네

擡 眸 輸 颯 爽 (대모수삽상)　　눈을 들어 시원한 바람소리를 향하고

側 耳 聽 瓏 玲 (측이청롱령)　　귀를 기울여 영롱한 소리를 듣네.

: 小亭 또는 草亭으로 문헌에 나타나는데 현재의 대봉대로 추정한다.

귀한 손님 또는 성군을 기다리고 맞이하는 곳이다. 봉황은 왕을 상징하며 태평성대에만 나타난다고 한다. 이곳에서의 함의는 어진 왕, 즉 성군의 출현을 염원하며 태평성대를 갈망하고 아울러 스승과 자신의 품은 뜻이 실현되기를 간절히 바라는 것이라고 볼 수 있다.

2.

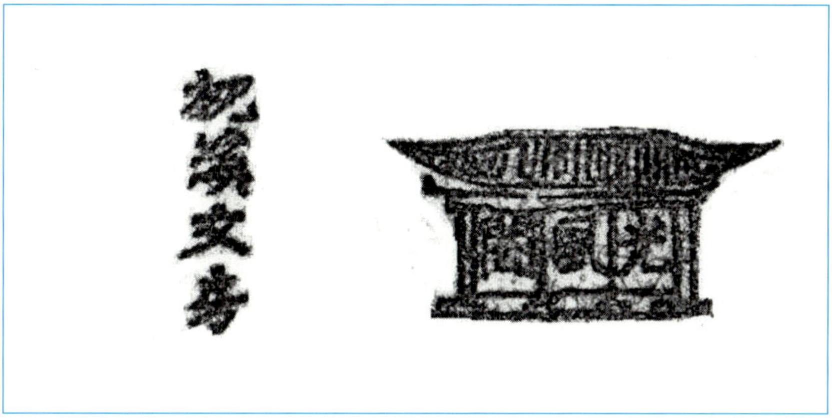

枕溪文房 (침계문방) 개울가에 드리운 글방.

聰明籤軸淨 (창명첨축정) 창이 밝아 맑은 마음으로 책을 대하니

水石暎圖書 (수석영도서) 물 속 바위에는 책이 어리네

精思隨偃仰 (정사수언앙) 한가함을 따라 생각은 깨끗해지고

妙契入鳶魚 (묘계입연어) 신비한 글은 자연의 이치에 들게 하구나.

: 현재의 '광풍각' 을 말함이며 학문을 논하던 곳이고 소쇄원도에 光風閣(광풍각)이란 글자와 함께 판각되어 있다. 선현들의 학적을 쫓아가니 도학에 드는 즐거움을 노래하였다.

3.

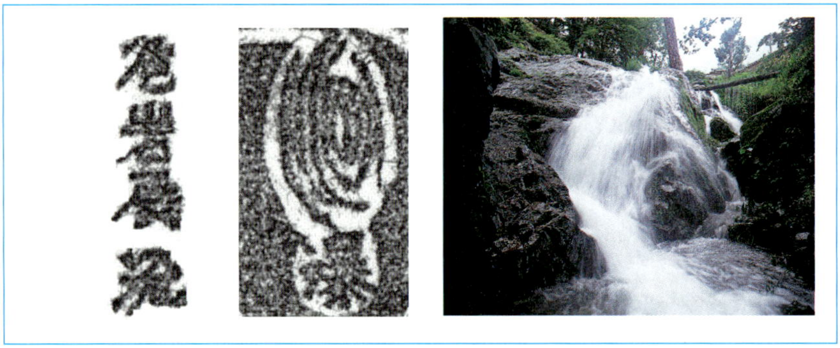

危 巖 展 流 (위암전류) 가파른 바위에 펼쳐 흐르는 물.

溪 流 漱 石 來 (계류수석래)　　계곡의 물이 돌을 씻어 내려오고

一 石 通 全 壑 (일석통전학)　　하나의 돌이 온전히 골짜기를 뒤덮었네

匹 練 展 中 間 (필련전중간)　　비단을 중간에 펼친 듯

傾 崖 天 所 削 (경애천소삭)　　하늘이 깍아서 낭떠러지로 기울였나보다.

: 십장폭포(바위폭포)를 읊었으며 소쇄원도에 '瀑(폭)' 으로 표기되어 있다.

4.

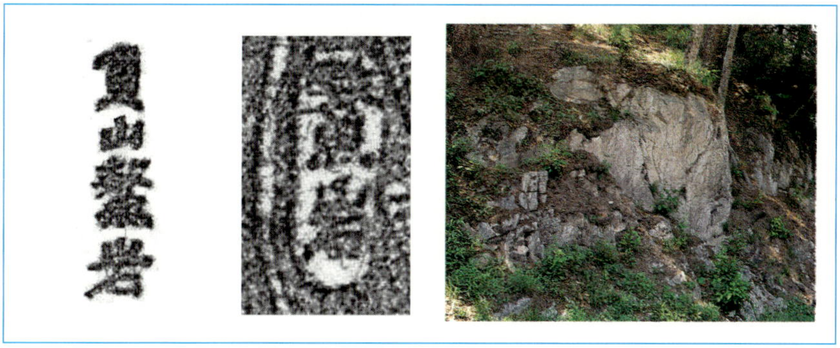

負 山 鼇 巖 (부산오암) 산을 지고 있는 자라바위.

背 負 青 山 重 (배부청산중)　　등에는 무거운 청산을 짊어지고

頭 回 碧 玉 流 (두회벽옥류)　　머리는 푸른 옥같은 계곡으로 향했네

長 年 安 不抃 (장년안부변)　　긴 세월 편안히 놀지 않으니

臺 閣 勝 瀛 洲 (대각승영주)　　소쇄원(대,각)이 오히려 선계(영주)보다 낫네.

: 소쇄원 오곡문 뒤쪽의 산자락에 있는 거대한 바위가 '오암' 인데 이것의 형상 및 위치와 내원을 바라보며 쓴 글이라 생각한다. 소쇄원도의 '오곡문' 과 '괴석' 사이에 '鼇巖(오암)' 이라고 새겨져 있다. 근래에까지 바위에 음각되어 있었다고 하며 6,25동란 이후에 없어졌다는 구전(口傳)이 있다.

5.

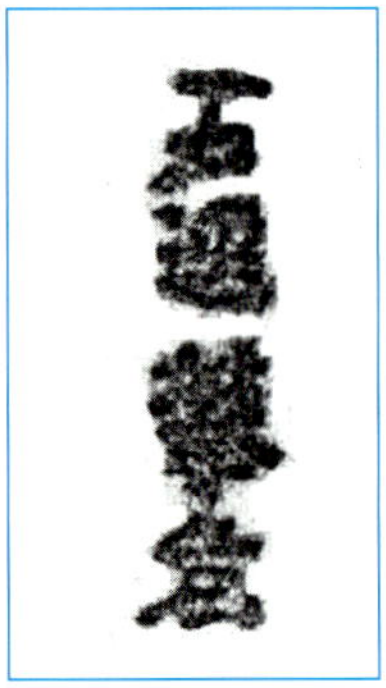

石 逕 攀 危 (석경반위) 돌길을 위태로이 오르다.

一 逕 連 三 益 (일경연삼익)   하나의 길에 유익한 세 벗이 계속 있고

攀 閒 不 見 危 (반한불견위)   편안히 오르니 위태로워 보이지 않네

塵 蹝元 自 絕 (진사원자절)   속세의 인간은 본래 근접을 못하고

苔 色 踐 還 滋 (태색천환자)   이끼의 색깔은 밟을수록 오히려 푸르구나.

: 도학을 향한 외길이지만 정직한 벗, 신실한 벗, 견문이 넓은 벗이 연 이어 있어 높은 학문의 경지에 이르렀음을 읊은 시이다.

6.

小塘魚泳 (소당어영) 작은 못에 물고기 노니나니.

方 塘 未 一 畝 (방당미일무)　　한 이랑도 못되는 네모진 못은

聊 足 貯 淸 漪 (료족저청의)　　맑은 비단물결 일렁이는 것으로 족하네

魚 戱 主 人 影 (어희주인영)　　물고기는 주인의 그림자를 희롱하는데

無 心 垂 釣 絲 (무심수조사)　　무심한 낚시줄만 드리워있네.

: 물고기가 물을 떠나 살 수 없듯이 학문하는 선비는 도를 떠나 살 수 없다는 관어사상(觀魚思想)과 맥을 같이하며 자연과 조화상생하는 이치를 읊은 시다.

7.

刳 木 通 流 (고목통류) 나무홈대를 타고 흐르는 물.

委 曲 通 泉 脉 (위곡통천맥)　　홈대를 타고 샘줄기 흘러들어

高 低 竹 下 池 (고저죽하지)　　높고 낮은 대숲 아래 못을 이루네

飛 流 分 水碓 (비류분수대)　　나는 듯 흘러들어 물방아를 돌리니

鱗 甲 細 參 差 (인갑세참치)　　온갖 작은 물고기들이 어우러져 노는구나.

: 대봉대 옆의 소당을 지나 존재했던 물방아와 아래쪽의 못을 노래한 시로 높고 낮고, 길고 짧고, 크고 작고 등 조화로움 및 음양을 읊었다.

8.

舂 雲 水 碓 (용운수대) 구름위로 절구질하는 물레방아.

永 日 潺 湲 力 (영일잔원력)　　온 종일 졸졸 흐르는 물의 힘으로

舂 來 自 見 功 (용래자현공)　　방아는 저절로 일을 하네

天 孫 機 上 錦 (천손기상금)　　직녀의 베틀위에 놓인 비단처럼

舒 卷 擣 聲 中 (서권도성중)　　방아찧는 소리에 책장이 펼쳐지누나.

: 물이 흐름에 따라 쉬지않고 돌고 도는 물레방아 처럼 도를 향한 공부가 끊임없이 이어지기를 바라는 도학을 노래한 시다.

9.

透竹危橋(투죽위교) 대숲사이로 위태로이 놓인 다리.

架壑穿脩竹(가학천수죽)　　긴 대숲사이 골짜기에 걸쳐놓아

臨危似欲浮(임위사욕부)　　내려다보니 떠 있는 듯 위태롭네

林塘元自勝(임당원자승)　　원림의 못은 본래 저절로 아름다운데

得此更淸幽(득차갱청유)　　다리가 놓이니 더욱 맑고 그윽하구나.

: 경지에 이른 도학의 기운이 다리를 건너 긴 대숲을 뚫고 속세에까지 미침을 노래한 시다. 소쇄원도를 보면 계류를 가로질러 '透竹危橋(투죽위교)' 라는 글자와 다리가 판각되어 있다.

10.

千竿風響 (천간풍향) 대숲에 일렁이는 바람소리.

已向空邊滅 (이향공변멸)　이미 하늘가를 향해 사라졌는데

還從靜處呼 (환종정처호)　다시 고요한 곳에서 따라 부르는 소리

無情風與竹 (무정풍여죽)　바람과 대나무는 무정한데

日夕奏笙竿 (일석주생간)　밤낮으로 생황과 대나무 소리를 내는구나.

: 많은 대나무가 부딪쳐 내는 소리가 마치 도를 통하여 하늘을 울리는 것같은 느낌을 노래한 시다. 제월당 뒤쪽에 가느다란 대나무가 산재해 있었다하며 소쇄원도에 '千竿(천간)' 이라는 글자와 대나무가 판각되어 있다.

11.

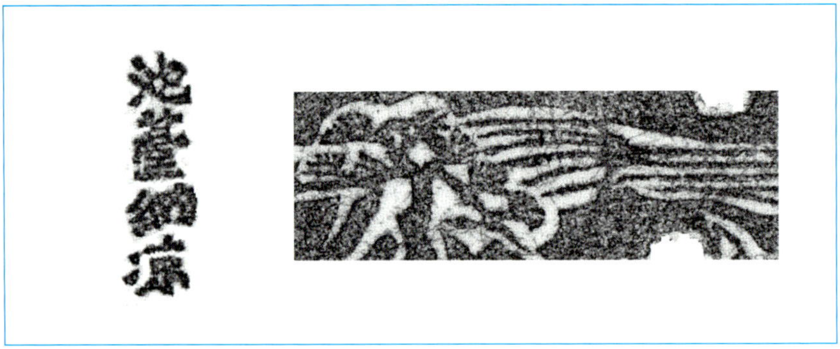

池 臺 納 涼 (지대납량) 연못가에서 더위를 식히다.

南 州 炎 熱 苦 (남주염열고)　　남쪽 고을 불볕더위로 괴로운데

獨 此 占 涼 秋 (독차점량추)　　이곳은 홀로 서늘한 가을 기운이네

風 動 臺 邊 竹 (풍동대변죽)　　집터 곁의 대나무는 바람에 일렁이고

池 分 石 上 流 (지분석상류)　　못의 물은 나뉘어 바위 위를 흐르네

: 대봉대와 광풍각 중간 아래쪽에 움푹 패인 못이 있는데 그 위쪽의 바위사이로 시원스레 흐르는 물에 견주어 도학이 감도는 소쇄원과 속 세를 차별하였다.

12.

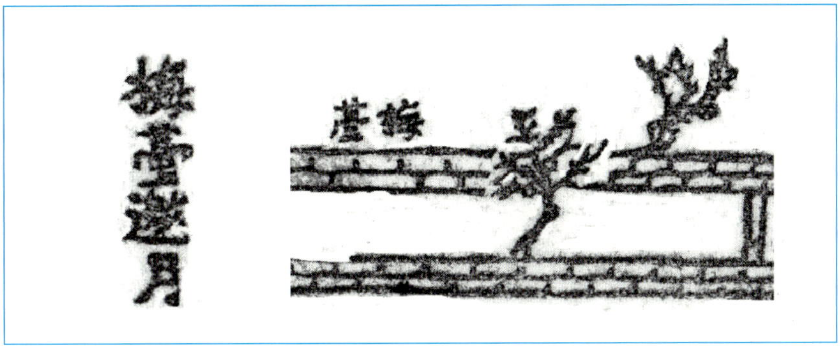

梅臺邀月 (매대요월) 매대에서 달을 맞이하니.

林斷臺仍豁 (임단대잉활) 숲이 끊겨 매대가 열려 있으니

偏宜月上時 (편의월상시) 달이 떠오를 때가 유난히 좋네

最憐雲散盡 (최련운산진) 구름이 다 흩어지니 가장 어여쁘고

寒夜映氷姿 (한야영빙자) 차가운 밤에 맑은 맵시 어리네

: '매대(梅臺)' 는 제월당 왼쪽 고사목이 있는 곳이며 실제로 할매봉에서 두둥실 보름달이 떠오를 때면 손에 잡힐 듯 밝고, 곱고, 탐스러움을 맘껏 맛볼 수 있는 위치다. 속세의 때가 묻지 않은 선비의 기상을 구름을 헤치고 나온 맑고 고운 자태의 달에 비유하여 노래하였다.

13.

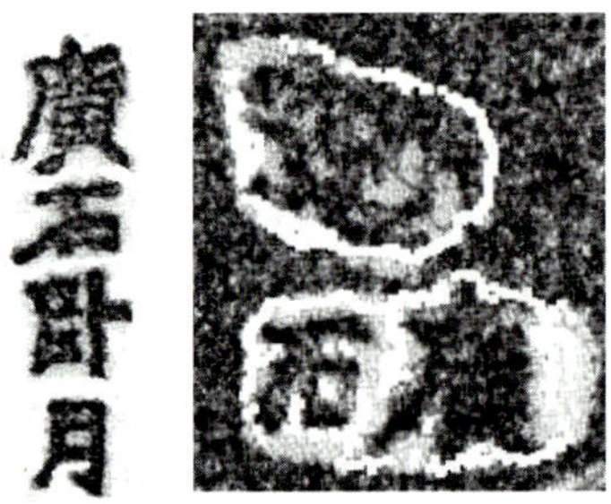

廣 石 臥 月 (광석와월) 널따란 돌에 누워 달을 대하니.

露 臥 靑 天 月 (로와청천월) 이슬에 누워 맑은 하늘의 달을 보는데

端 將 石 作 筵 (단장석작연) 넓고 큰 돌이 대자리를 대신하네

長 林 散 淸 影 (장림산청영) 긴 숲에 밝은 그림자를 드리우니

深 夜 未 能 眠 (심야미능면) 밤은 깊어도 잠을 이룰 수 없구려.

: 조화옹의 희롱에 노니는 인간의 모습이기도 하겠고 학문을 하는 선비로서 도학의 경지를 염원하는 고독한 구도자적 떨림이기도 하리라. 드리운 소나무는 사라지고 없지만 광석은 지금도 바위폭포 위쪽에 놓여 있다. 소쇄원도에 '廣石(광석)' 이라는 글자와 널따란 바위가 새겨져 있는데 팔베개하고 드러누워 달구경하고 있는 사람의 모습이다.

14.

垣竅透流 (원규투류) 담장을 통과하여 흐르는 물.

步步看波去 (보보간파거)　　걷고 걸으면서 흘러가는 물결을 보며

行吟思轉幽 (행음사전유)　　글을 읊조리니 생각은 그윽해지네

眞源人未泝 (진원인미소)　　참된 근원을 지닌 사람은 거스름이 없는데

空見透墻流 (공견투장류)　　담장을 통해 흐르는 물만 헛되이 바라보네.

: 위쪽의 계곡에서 흘러내린 물이 막히거나 돌아가지 않고 '오곡문' 이라 새겨진 담장 밑을 그대로 통과하여 약 500년이 지난 지금도 유유히 흐르고 있다. 도학의 근원을 멀리하고 세속의 번잡한 일에 앞장서는 인간의 허영을 돌아보며 경계삼는 글이다.

15.

杏 陰 曲 流 (행음곡류) 살구나무 그늘아래 굽이쳐 흐르는 물.

咫 尺 潺 湲 地 (지척잔원지) 매우 가까운 곳에서 졸졸 흐르는 물

分 明 五 曲 流 (분명오곡류) 분명 다섯 굽이로 흐르네

當 年 川 上 意 (당년천상의) 그 해 천상에서 말씀하신 뜻을

今 日 杏 邊 求 (금일행변구) 오늘 살구나무 곁에서 구하는구나.

: 중국 송나라의 주자(朱子)가 무이산 계곡중에서 오곡에 '무이정사' 를 짓고 학문을 닦으며 후학을 양성했던 것처럼 소쇄옹이 거처했던 '제월당' 도 도학의 공간이며 중심적 역할을 하고 있음을 내포한 글이다. 담장 밑을 통과한 물이 '略彴(약작-외나무다리)' 아래로 흐르는 광경을 그렸다.

16.

假 山 草 樹 (가산초수) 석가산의 풀과 나무.

爲 山 不 費 人 (위산불비인) 산을 이룸에 사람의 힘은 들이지 않고

造 物 還 爲 假 (조물환위가) 처음 물건이 오히려 가산이 되었네

隨 勢 起 叢 林 (수세기총림) 형세를 따라 숲이 이뤄지니

依 然 是 山 野 (의연시산야) 이곳이 의연한 산야로고.

: 소쇄원도에 '石假山(석가산)' 이라고 표기되어 있으며 '광풍각' 옆쪽의 십장폭포 끝 지점에 위치했던 것으로 추정한다. 대체로 원림을 조성할 때 축소된 형태의 인공산을 만들고 여기에 기암석과 나무, 꽃 등을 식재하여 신선이 산다는 이상향을 조성하는데 신선사상을 의미하며 소쇄원 또한 선계임을 노래한 시다.

17.

松 石 天 成 (송석천성) 하늘이 이룬 소나무와 바위.

片 石 來 崇 岡 (편석래숭강) 높은 산등성이에서 굴러온 작은 바위에

結 根 松 數 尺 (결근송수척) 뿌리 서린 두어자 소나무

萬 年 花 滿 身 (만년화만신) 세월의 흐름에 몸에는 꽃이 만발하고

勢 縮 參 天 碧 (세축참천벽) 푸른 하늘 뒤덮던 그 기세는 거두었는지.

: 혈기방장하고 질풍노도와 같은-덜 세련되고 몸이 앞서는-청년기가 있고, 차분하고 안정감 있는-세련미와 마음이 앞서고 지혜로운-장년 기가 있듯이 자연의 이치에 순응하고 조화상생하며 도학의 경지에 빠져듦을 노래하였다.

18.

遍 石 蒼 蘚 (편석창선) 바위에 두루 낀 푸른 이끼.

石 老 雲 煙 濕 (석로운연습) 오랜 바위에 안개구름 젖어드니

蒼 蒼 蘚 作 花 (창창선작화) 푸르디 푸른 이끼 꽃이 피었구나

一 般 丘 壑 性 (일반구학성) 속세를 떠나는 것과 성품이 같아서

絕 意 向 繁 華 (절의향번화) 번거로이 화려함을 향한 뜻이 없어라.

: 속세의 부귀영화를 취하기보다는 자신의 학문과 신념을 지키고자 즐거운 마음으로 당당하게 은둔을 선택하겠다는 선비의 고결함이 묻어 있는 글이다.

19.

楊 巖 靜 坐 (탑암정좌) 긴 상(걸상,책상) 바위에 고요히 앉아.

懸 崖 虛 坐 久 (현애허좌구)　　가파른 비탈에 고요히 앉아있으니

淨 掃 有 溪 風 (정소유계풍)　　맑게 씻어주는 계곡 바람이 있네

不 怕 穿 當 膝 (불파천당슬)　　맞닿은 무릎이 뚫리는 것을 아랑곳않고

扁 宜 觀 物 翁 (편의관물옹)　　사물을 관조하는 늙은이는 마냥 즐겁네.

: 현재 대봉대 아래쪽과 십장폭포(바위폭포) 사이에 있는데 세월의 무게를 감당하기 어려웠는지 비스듬히 기울어져 있다. 곁에는 5월이면 노란창포가 무심히 피어나 지난날 정좌하며 수양하고 있는 선인의 마음을 전해주는 듯 하다. 소쇄원도에 '楊巖(탑암)' 이라고 새겨져 있고 정좌를 하고 있는 사람의 모습이 판각되어 있다.

20.

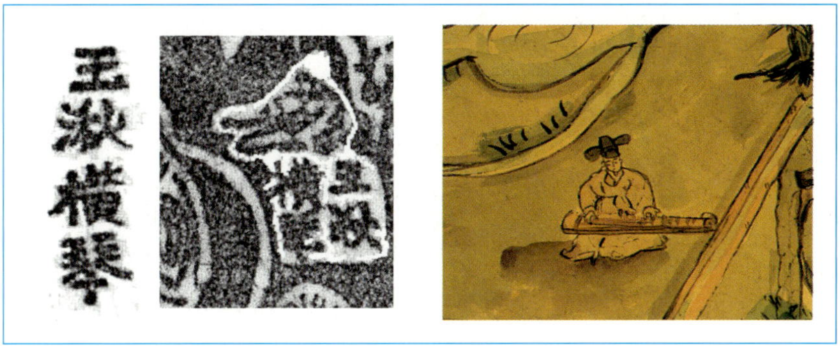

玉 湫 橫 琴 (옥추횡금) 맑은 물가에서 거문고 비껴안고.

瑤 琴 不 易 彈 (요금불이탄) 옥같은 거문고를 타기가 쉽지 않음은

擧 世 無 種 子 (거세무종자) 이 세상에 종자기가 없어서 일세

一 曲 響 泓 澄 (일곡향홍징) 한 곡조 맑고 깊은 물에 메아리치니

相 知 心 與 耳 (상지심여이) 마음과 귀가 서로를 적시는구려.

: 중국 춘추시대에 백아(伯牙)와 종자기(種子期)가 살았다. 백아는 거문고 타는 솜씨가 뛰어났으며 종자기는 음을 구별하는 것이 탁월하였다. 종자기가 세상을 떠나자 백아는 '자신의 음악을 알아주는 사람이 더 이상 세상에 없다.' 라고 탄식하며 거문고 줄을 끊어버리고 거문고를 타지 않았다는 이야기가 전해온다. 김인후와 양산보의 우정을 백아와 종자기에 빗대었으며 벗을 사귐에 마음을 다하는 선인들의 모습을 잘 그려내고 있다. 소쇄원도에 '조담' 을 지나 바위폭포가 시작되는 언저리에 '玉湫橫琴(옥추횡금)' 이라는 글자와 함께 거문고 비껴안고 있는 모습이 판각되어 있다.

21.

洑 流 傳 盃 (복류전배) 소용돌이 물길따라 술잔을 건네니.

列 坐 石 渦 邊 (열좌석와변) 소용돌이 바위가에 둘러 앉으니
盤 蔬 隨 意 足 (반소수의족) 나물이 소반에 가득하구나
洄 波 自 去 來 (회파자거래) 소용돌이 물결은 절로 오가고
盞 斝 閒 相 屬 (잔가한상촉) 띄운 술잔을 한가로이 주고 받는구려.

: 경주에 있는 '포석정' 과 마찬가지로 유상곡수(流觴曲水)의 즐거움을 혼자서도 좋겠으나 지기(知己)와 함께 나누는 것을 그려낸 시다. 도학에 흠뻑 젖은 희열을 박주산채일지언정 풍성히 여럿이 함께하니 더욱 좋지 아니한가. 소쇄원도에 '조담' 을 휘돌아 온 물이 십장폭포가 시작되는 지점에 소용돌이 물결로 판각되어 있다. 전남교육연수원이 들어서면서 소쇄원 계곡 위쪽에 대형관정을 통하여 물을 뽑아가니 계곡의 물이 마르고 더 이상 유상곡수의 즐거움을 만끽하기가 어렵게 되었다. 다행이 우기(雨期)에 일정수량이 되면 소용돌이가 재현되기도 한다.

22.

床巖對棋(상암대기) 평상바위에서 바둑을 두다.

石岸稍寬平(석안초관평) 바위 기슭의 넓고 약간 평평한 곳은

竹林居一半(죽림거일반) 대숲이 반쯤을 차지한다네

賓來一局碁(빈래일국기) 손님이 찾아와 바둑 한 판 두는데

亂雹空中散(난박공중산) 우박이 어지러이 공중에서 쏟아지더라.

: 거문고 소리를 통하여 지기에 대한 신뢰를 굳건히 다지고 도학의 희열을 유상곡수로 함께하고 중국 진시황의 난리를 피하여 상산(商山)에 은거하였던 상산사호(商山四皓)-눈썹과 수염이 하얀 4명의 노인: 기리계, 동원공, 하황공, 각리를 말하며 후에 한나라 혜제(惠帝)의 스승이 됨-를 그리며 바둑을 둔 듯 하다. 검고 하얀 바둑돌 놓는 소리가 우레같고 오가며 쓸어담는 바둑돌이 마치 쏟아지는 우박같다고 즐거이 신선의 삶을 그려낸 시다. 소쇄원도에 '광석' 과 '석가산' 중간에 '床巖(상암)' 이라 새겨져 있고 바둑두는 모습이 판각되어 있다.

23.

脩階散步(수계산보) 긴 층이진 뜰을 거닐며.

澹蕩出塵想(담탕출진상) 속세를 벗어나 맑은 생각을 하고

逍遙階上行(소요계상행) 층으로 된 뜰을 거닐며 노니네

吟成閒箇意(음성한개의) 읊을 때는 편안히 낱낱의 뜻을 이루고

吟了亦忘情(음료역망정) 읊고 나니 모든 뜻을 잊어버리네.

: 욕심내어 채우려 애쓰면 채워지지 아니하고 비우면 채워지는 것이 이치라. 마음을 열고 유유자적하니 오히려 도학의 경지에 다가섬을 표현한 글이다. 소쇄원도에 '脩階散步(수계산보)' 라는 글자와 세 사람이 거니는 모습이 판각되어 있다.

24.

倚 睡 槐 石 (의수괴석) 홰나무 옆의 바위에 의지하여 졸다.

自 掃 槐 邊 石 (자소괴변석)　　몸소 홰나무 옆의 바위를 쓸고

無 人 獨 坐 時 (무인독좌시)　　아무도 없는 때에 홀로 앉았네

睡 來 驚 起 立 (수래경기립)　　졸다가 놀라 벌떡 일어서니

恐 被 蟻 王 知 (공피의왕지)　　개미왕이 알까하여 두려움이 이는구나.

: 당나라의 이공좌(李公佐)가 지은 남가기(南柯記)에 다음과 같은 내용이 전한다. 광릉(廣陵)에 사는 순우분(淳于棼)이 생일에 취하여 집 안 남쪽에 있는 홰나무 아래에서 잠이 들어 꿈을 꾸었다. 괴안국(槐安國)의 남가태수(南柯太守)가 되고 공주에게 장가들어 5남 2녀를 낳고 영화를 누렸으나 전쟁에 패하여 공주도 잃고 자신도 상처를 입고 돌아왔다. 꿈에서 깨어보니 해질녘에 술동이는 그대로 놓여있고 아이가 빗자루로 뜰을 쓸고 있었다. 문득 홰나무 밑둥을 살펴보니 개미굴이 있었는데 이 곳이 괴안국이요 왕이 의왕(蟻王)이었다. 상기의 고사는 '인간의 부귀영화는 한낱 봄날의 꿈과 같으니 탐하지 말라' 는 의미의 남가일몽(南柯一夢)의 연원이 되었고 일장춘몽(一場春夢)과 같은 의미다. 위의 시는 꿈속에서가 아니라 현실에서 노니는 신선의 경지를 말한 것이다. 소쇄원도를 보면 '오암' 위쪽에 '槐石(괴석)' 이라는 글씨와 홰나무가 새겨져 있다.

25.

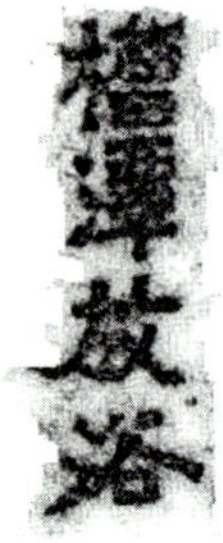

槽 潭 放 浴 (조담방욕) 조담에서 목욕을 하다.

潭 淸 深 見 底 (담청심현저)　　못이 맑아서 깊은 바닥이 드러나고

浴 罷 碧 粼 粼 (욕파벽린린)　　목욕을 마치니 맑고 맑은 푸른 빛이네

不 信 人 間 世 (불신인간세)　　믿지 못할 인간세상

炎 程 脚 沒 塵 (염정각몰진)　　속세의 찌든 열기를 씻어주는구나.

: 원치 않아도 어떤 계기로 인하여 일을 하게 되는 경우가 있다. 찌는 더위가 아니었다면 세속의 때를 벗기고자 못에 들어가지 않았을 것이다. 도학을 하는 선비의 입장으로 미루어 볼 때 마음을 닦고자 못에 뛰어 들었으리라. 소쇄원도에 의하면 외나무다리 아래쪽에 '槽潭(조담)' 이라고 판각되어 있다.

26.

斷 橋 雙 松 (단교쌍송) 다리를 가로지른 두 그루의 소나무.

灦 灦 循 除 去 (괵괵순제거) 획획 돌아가는 물

橋 邊 樹 二 松 (교변수이송) 다리가에 두 그루 소나무가 서 있구나

藍 田 猶 有 事 (남전유유사) 남전에는 오히려 일이 있으니

爭 及 此 從 容 (쟁급차종용) 이 곳이 평안하여 좋지 않은가.

: 남전(藍田)은 중국 섬서성에 있는 고을 이름이다. 상산사호(商山四皓)가 진(秦)나라의 난을 피하여 은거하였는데 한(漢)나라 고조(高祖) 유방의 부름에도 응하지 않았을 정도로 평안하고 시름을 덜기에 좋은 곳이었다고 한다. 위 시는 세속의 번잡함이 선계인 소쇄원에 미치지 않을까하여 경계하는 마음이 스며있다. 소쇄원도에 약작(略彴)-외나무다리-을 사이에 두고 소나무 두 그루가 판각되어 있다.

27.

散 崖 松 菊 (산애송국) 비탈에 흩어진 소나무와 국화.

北 嶺 層 層 碧 (북령층층벽) 북쪽 고개는 층층이 푸르고
東 籬 點 點 黃 (동리점점황) 동쪽 울타리는 점점이 노랗네
緣 崖 雜 亂 植 (연애잡란식) 기슭엔 그저 섞어 심은 것들이
歲 晩 倚 風 霜 (세만의풍상) 늦가을 바람서리에도 의연하도다.

: 곧은 지조와 절개를 짙푸른 소나무에 견주었고 속세의 뒤안길에서 찾은 안온함을 황국화로 표현하였으며 찬서리에도 의연한 기상을 드러내며 초연한 삶과 도학에 대한 불굴의 의지를 다짐한 시다.

28.

石趺孤梅(석부고매) 바위에 서려 우뚝 선 매화.

直欲論奇絕(직욕론기절) 빼어남을 곧이 논하려 한다면

須看揷石根(수간삽석근) 모름지기 바위에 뿌리 서림을 보라

兼將淸淺水(겸장청천수) 아울러 맑고 얕은 물이 곁에 있으니

疎影入黃昏(소영입황혼) 해질녘에 성긴 그림자 어리네.

: 앞의 시에서는 소나무와 국화를 빌어 지조를 노래하였고 짝맞추어 이 시에서는 은거하는 선비를 매화의 고고함에 비유하였다. 번화함 보다는 듬성듬성 핀 매화의 여백미를 물에 어리는 그림자로 처리한 구절에서 작자의 높은 심미안을 엿볼 수 있게 한다. 선비들은 사군자 중에서 유난히 매화를 좋아하여 많은 글을 남겼다. 퇴계 이황은 심지어 생을 마감하는 순간에도 제자들에게 매화에 물을 주라는 당부의 말을 남겼다는 일화가 전한다. 소쇄원도에 여러 그루의 매화나무가 판각되어 있다.

29.

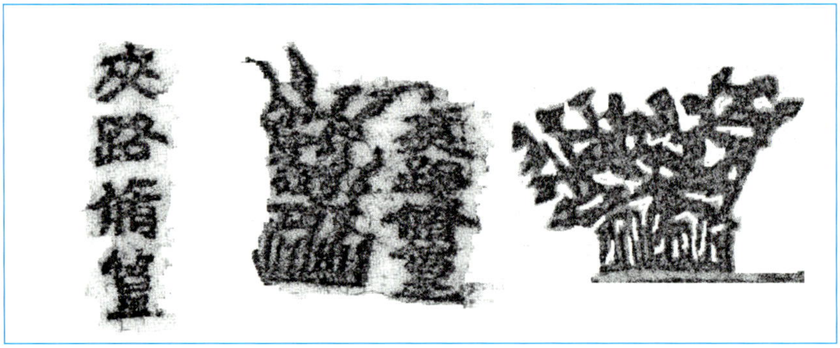

夾路脩篁(협로수황) 긴 대나무 속의 오솔길.

雪幹搖搖 直(설간창창직)　눈 속에서도 줄기는 곧게 흔들거리고
雲梢嫋嫋 輕(운초뇨뇨경)　구름인 나무끝은 가벼이 휘늘어지네
扶藜落晩籜 (부려낙만탁)　지팡이 짚는데 늦은 대껍질은 벗겨지고
解帶繞新莖(해대요신경)　띠가 풀려 새로이 줄기를 동여매었네.

: 눈쌓인 대나무를 통해 자연몰입을 생생하게 그렸으며 지기를 향한 배려의 마음이 오롯이 녹아있다. 두 사람이 비켜 지나갈 정도의 한적한 오솔길을 새마을운동이라는 개발논리로 확대포장하여 정취의 반감과 문화재 훼손을 초래하였다. 급기야 최근에는 수로에 없던 축대까지 새로이 쌓고 해묵어 기품있는 백도화나무와 불두화나무를 베어버리고 더욱 확대포장하여 돌이킬 수 없는 원형훼손을 함으로써 가치와 정취를 크게 손상시켰다. 소쇄원도에 '夾路脩篁(협로수황)' 이라는 글자와 대나무가 새겨져 있다.

30.

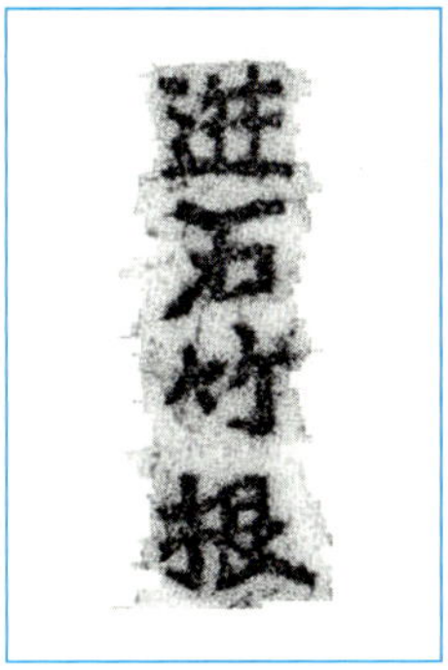

迸 石 竹 根 (병석죽근) 바위틈에 서린 대나무 뿌리.

霜 根 耻 染 塵 (상근치염진)　　흰털 뿌리 속세를 싫어하지만

石 上 時 時 露 (석상시시로)　　가끔 바위 위에 드러난다네

幾 歲 長 兒 孫 (기세장아손)　　아이 손자는 몇 해나 자라났는지

貞 心 老 更 苦 (정심노갱고)　　곧은 마음 나이 드니 더욱 모질어지네.

: 모진 비바람과 영겁의 세월에도 변하지 않고 의연한 바위에 절조를 상징하는 대나무 뿌리가 서려있듯이 도학을 실현하고자 하는 선비의 곧은 마음이 더욱 견고해짐을 찬미한 시다.

31.

絕 崖 巢 禽 (절애소금) 벼랑에 깃든 새.

翩 翩 崖 際 鳥 (편편애제조) 벼랑을 훨훨 나는 많은 새들

時 下 水 中 遊 (시하수중유) 때로는 내려와 물에서 노니 듯

飮 啄 隨 心 性 (음탁수심성) 마음 바탕 따라서 마시고 쪼며

相 忘 抵 白 鷗 (상망저백구) 흰 새가 오는 것도 서로 잊는구나.

: 자연의 이치대로 살아가는 소쇄옹의 삶을 한 마리 새에 비유하였다. 새와 물고기를 일체화하여 비탈을 나는 새가 물에 어리어 노니는 것으로 표현한 빼어난 시상이 돋보인다. 속세를 버리고 한 마리 새가 되어 살았다는 소부(巢父)의 삶을 연상케 한다.

32.

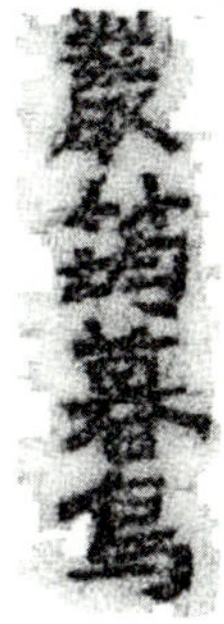

叢 筠 暮 鳥 (총균모조) 저물어 대밭에 깃든 새.

石 上 數 叢 竹 (석상수총죽) 바위 위의 몇 무더기 대나무에

湘 妃 餘 淚 斑 (상비여루반) 상비의 눈물이 아롱졌구나

山 禽 不 識 恨 (산금불식한) 산 새는 그 한을 알지 못하고

薄 暮 自 知 還 (박모자지환) 땅거미지면 스스로 돌아와 깃드네.

: 중국 요순시대에 요임금은 아황과 여영 두 딸을 순임금에게 시집보냈다. 그런데 순임금이 비명횡사했다는 소식을 접한 아황과 여영은 주체할 수 없는 슬픔에 사흘간 피눈물을 흘리며 세상을 떠났다. 두 여인이 피눈물을 흘리며 죽은 자리에서 뜻밖에 점점이 박힌 대나무가 자라났다는 고사가 전한다. 기묘사화로 스승과 많은 학자 제현들이 세상을 떠났음을 술회하고 참담함을 옛 고사에 비유한 시다. 또한 속세의 부귀영화를 탐하는 소인배들을 준엄히 꾸짖으며 무정한 세상을 뒤로한 채 도학을 위해 은거를 자처한 자신을 새에 비유한 글이다. 소쇄원도의 대봉대옆에 '叢筠暮鳥(총균모조)' 라는 글자와 대나무,새가 판각되어 있다.

33.

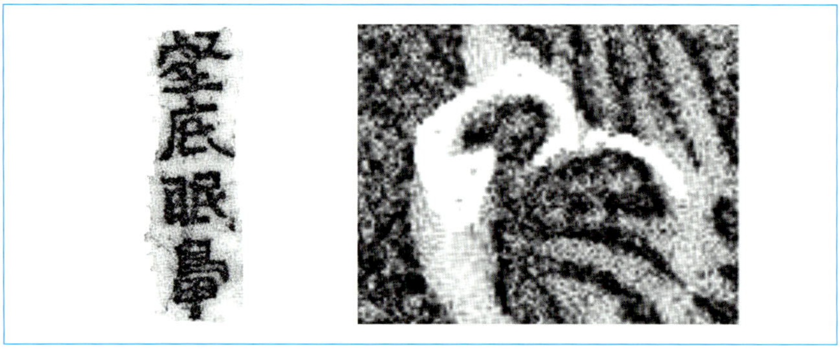

壑 渚 眠 鴨 (학저면압) 골짜기 물가에서 졸고 있는 오리.

天 付 幽 人 計 (천부유인계)　하늘이 신선의 계략과 부합하여

清 冷 一 澗 泉 (청냉일간천)　맑고 시원한 산골샘을 만들었네

下 流 渾 不 管 (하류혼불관)　하류는 후하게 주관하지 않고

分 與 鴨 閒 眠 (분여압한면)　오리에게 나눠줘 편안히 졸게하네.

: 중국 송나라의 학자 주희(朱熹)의 학문을 받아들였던 선인들인지라 '무이도가' 와 같이 물을 도학의 상징으로 여겨 물아일체,자연몰입을 노래하였다.

34.

激 湍 菖 蒲 (격단창포) 세찬 여울가의 창포.

聞 說 溪 傍 草 (문설계방초) 듣자하니 시냇가의 풀은

能 含 九 節 香 (능함구절향) 아홉가지 향기를 머금었다네

飛 湍 日 噴 薄 (비단일분박) 격한 여울이 온종일 뿜어내니

一 色 貫 炎 凉 (일색관염량) 하나가 더위와 시원함을 거느렸구려.

: 신선의 공간은 향기가 진동하고 덥고 시원함이 따로 없을 것이다. 중국 송나라 시인 소식(동파)은 '육화의 숲에는 부처가 앉았고 창포가 자란 돌 위에는 신선이 앉았노라' 고 읊었다. 권세와 아첨이 없고 하나의 밝은 빛으로 열려있는 신선의 경지가 바로 소쇄원이라고 자부한 글이다.

35.

斜 簷 四 季 (사첨사계) 처마에 빗겨 핀 사계화.

定 自 花 中 聖 (정자화중성)　　꽃중의 꽃은 저절로 정해졌는데

清 和 備 四 時 (청화비사시)　　맑고 부드러움으로 사철을 갖추었네

茅 簷 斜 更 好 (모첨사갱호)　　띠로 된 비낀 처마엔 더욱 좋고

梅 竹 是 相 知 (매죽시상지)　　매화와 대나무는 서로 사계화를 아누나.

: 일년에 네 번 핀다는 사계화(월계화)를 찬미했으며 매화와 대나무에 버금가는 것으로 대우하였다. 맹자 만장편에 '백이(伯夷)는 청자(淸者)요, 유하혜(柳下惠)는 화자(和者)요, 공자(孔子)는 시자(時者)라' 했는데 사계화를 이에 비유하였다.

36.

桃 塢 春 曉 (도오춘효) 복사꽃 언덕에 봄이 드니.

春 入 桃 花 塢 (춘입도화오)　　복사꽃 언덕에 봄이 찾아오고
繁 紅 曉 霧 低 (번홍효무저)　　흐드러진 붉은 꽃에 새벽안개 드리우네
依 迷 巖 洞 裡 (의미암동리)　　흐릿한 바윗골 속에
如 涉 武 陵 溪 (여섭무릉계)　　무릉도원 계곡을 건너는 듯.

: 도학의 경지에 이르는 것의 어려움을 꽃에 드리운 안개에 비유하였다. 결국 소쇄원을 도학이 깊어 선계에 이르러 유유자적하는 곳으로 노래하였다. 소쇄원도에 의하면 광풍각 오른쪽을 돌아 제월당으로 가는 길옆에 '桃塢(도오)' 라는 글씨와 복사나무가 판각되어 있다.

37.

桐 臺 夏 陰 (동대하음)　오동나무 대에 여름 그늘이 들고.

巖 崖 承 老 幹 (암애승노간)　바위 비탈에 뻗친 오래된 줄기가

雨 露 長 淸 陰 (우로장청음)　비와 이슬에 맑은 그늘을 이루네

舜 日 明 千 古 (순일명천고)　분명 순시대가 지난지 오래건만

南 風 吹 至 今 (남풍취지금)　남풍은 지금도 불어오누나.

: 중국 요순시대의 태평성대와 같은 선경이 소쇄원에도 펼쳐져 있음을 노래한 시다. 중국문헌 '공자가어' 에 순(舜)임금이 거문고를 타며 '따뜻한 남풍이 백성의 불만을 풀어주고, 때 맞춘 남풍이 백성의 재물을 풍성히 하네' 라고 노래했다는 대목이 나온다.

38.

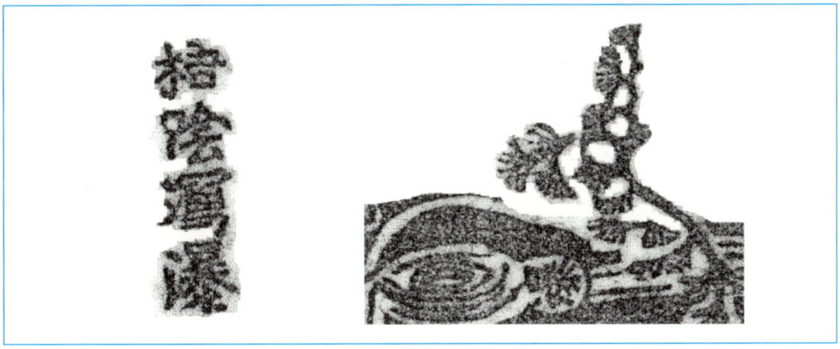

梧 陰 瀉 瀑 (오음사폭)　벽오동나무 그늘아래 폭포는 쏟아지고.

扶 疎 綠 葉 陰 (부소록엽음)　듬성듬성한 푸른 잎 그늘 아래

昨 夜 溪 邊 雨 (작야계변우)　어젯밤 계곡에 비가 내렸네

亂 瀑 瀉 枝 間 (난폭사지간)　세찬 폭포가 가지사이로 쏟아지니

還 疑 白 鳳 舞 (환의백봉무)　흰 봉황이 깃들어 추는 춤이 아닐런지.

: 봉황은 성군(聖君)이 있고 태평성대를 이루었을때 나타나며 벽오동나무에서만 깃을 접고 대나무 열매를 먹고 대나무 이슬을 마신다는 전설의 새다. 세찬 물줄기는 끊이지 않는 도학의 명맥을 가리키며 벽오동나무가 있고 봉황의 춤을 노래함은 선계요 도학의 경지가 실현되었음을 그렸다고 여겨진다. 실제로 우기(雨期)에 장대비가 쏟아지고 계곡물이 불어났을때 떨어지는 폭포수는 장관을 이룬다. 특히 까만 밤에 하얗게 펼쳐지는 폭포수는 봉황의 날개짓을 연상하고도 남음이 있다.

39.

柳汀迎客 (유정영객) 물가의 버드나무에서 손님을 맞이하다.

有客來敲竹 (유객래고죽)　　손님이 찾아와 대나무 가지로 문을 두드리니
數聲驚晝眠 (수성경주면)　　몇 마디 소리에 낮잠을 깼네
扶冠謝不及 (부관사부급)　　벼슬에서 물러나 만날 이 없는데
繫馬立汀邊 (계마입정변)　　말을 매고 물가에 서 있네 그려.

: 말년에 관직을 버리고 낙향하여 전원에 묻혀 한가로운 삶을 살다간 도연명을 따르고자 했던 소쇄옹이다. 도연명은 다섯 그루의 버드나무 를 심어 '오류선생' 이라는 별칭을 얻었는데 그래서인지 소쇄옹도 버드나무를 심어놓았으며 소쇄원도에 '柳汀(유정)' 이라는 글씨와 나무가 판각되어 있다. 다른 사람들이 부러워하는 승경지(勝景地)에서 도학의 즐거움에 젖은 소쇄옹을 기리는 글이다.

40.

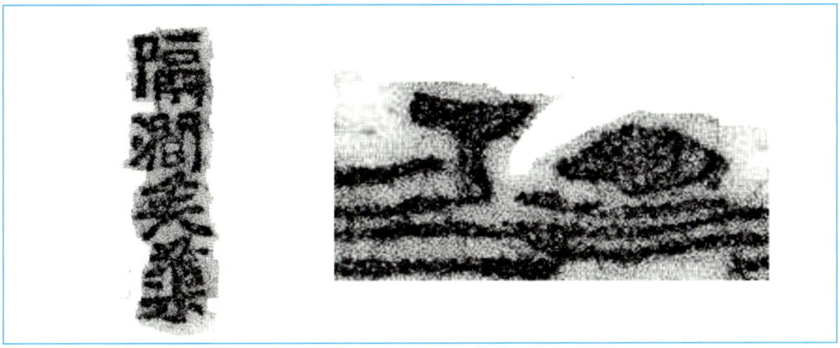

隔 澗 芙 蕖 (격간부거) 골짜기 너머에 핀 연꽃.

淨 植 非 凡 卉 (정식비범훼) 빼어난 자태의 비범한 꽃이여

閒 姿 可 遠 觀 (한자가원간) 한가로운 자태는 멀찌기 볼만도 하네

香 風 橫 度 壑 (향풍횡도학) 향기로운 바람이 골짜기를 뒤덮고

入 室 勝 芝 蘭 (입실승지란) 방안에 스며드니 지란(영지, 난초)보다 더하구나.

: 군자의 풍모를 지닌 연꽃을 곧은 선비의 모습에 비유하였다. 주돈이는 애련설(愛蓮說)에서 '진흙에서 나왔으나 더러움에 물들지 않았고 맑은 물에 씻겨도 요사스럽지 않다.' '멀수록 향기가 더욱 맑아서 우뚝 깨끗이 서 있네.' 라고 하였다.

41.

散 池 蓴 芽 (산지순아) 못에 흩어진 순채 싹.

張 翰 江 東 後 (장한강동후) 장한이 강동으로 떠난 뒤에

風 流 識 者 誰 (풍류식자수) 풍류를 아는 사람이 누구인가

不 須 和 玉 膾 (불수화옥회) 옥같은 농어회는 기다리지말고

要 看 長 氷 絲 (요간장빙사) 기다란 순채뿌리 살펴보게나.

: 중국의 진서(晉書)에 '가을바람이 불어오자 장한(張翰)이 순채와 농어회가 생각나서 이르기를, 인생살이는 뜻에 맞게 사는 것이 제일인데 어찌 타향을 떠돌며 얽매여 명예와 벼슬을 탐하겠는가?' 라고 말하고 수레를 돌려 고향으로 향했다고 전한다. 풍류를 즐기며 유유자적하는 삶을 그리는 선비의 인생관을 엿볼 수 있는 글이다. 요즘 세태는 공무원,공기업,대기업 취직을 하겠다고 끝이 보이지 않게 줄지어 있고, 몇 년씩 인생을 담보하고 시험 준비를 위해 노심초사하며, 한 자리 하겠다고 돈 푼 좀 쥐어보겠다고 거짓말을 하루가 25시여도 부족할 터, 참으로 가관이더라. 소쇄원도를 보면 입구쪽 못에 '散池蓴芽(산지순아)' 라는 글자와 순채가 새겨져 있으나 지금은 탁한 물에 순채는 온데간데 없어서 세태를 웅변하는 듯 하더라.

42.

櫬 澗 紫 薇 (츤간자미) 골짜기 냇가의 백일홍.

世 上 開 花 卉 (세상한화훼)　　세상에 많은 꽃들중에

都 無 十 日 香 (도무십일향)　　도무지 열흘가는 향기가 없네

何 如 臨 澗 樹 (하여임간수)　　어이해 시냇가의 저 나무는

百 夕 對 紅 芳 (백석대홍방)　　백일 동안 붉은 빛과 향기를 맞이하게 하는지.

: 열흘을 넘기는 꽃이 없는 것이 일상인데 소쇄원은 백일 동안 꽃으로 단장한 신선의 세계이다. 소쇄원도를 보면 '소당'과 '물레방아' 사이에 '紫薇(자미)' 라는 글자와 배롱나무가 판각되어 있다.

43.

滴雨芭蕉 (적우파초) 비가 스며내리는 파초.

錯落投銀箭 (착락투은전) 쏜 은화살이 섞여 떨어지니

低昻舞翠綃 (저앙무취초) 푸른 비단 춤되어 너울거리네

不比思鄕聽 (불비사향청) 고향에서 듣던 생각 비할 수 없고

還憐破寂寥 (환련파적요) 고요함을 깨뜨리니 오히려 사랑스럽구나.

: 열대지방 식물인 파초가 이 곳에 심어져 비바람을 맞아 일렁이는 모습이 춤을 추는 것처럼 보이고 일렁이는 소리가 오히려 작자의 마음을 움직여 일체감을 갖게하였다. 향수의 목마름이 아니라, 속세를 벗어나 은둔하니 오히려 즐겁고 평안하듯이. 소쇄원도를 보면 '芭蕉(파초)' 라는 글씨와 몇 가닥 늘어진 잎의 파초가 판각되어 나타난다.

44.

映 壑 丹 楓 (영학단풍) 골짜기에 어리비치는 붉은 단풍.

秋 來 巖 壑 冷 (추래암학냉)　　가을이 드니 바위 골짜기는 쌀쌀하고
楓 葉 早 驚 霜 (풍엽조경상)　　단풍잎은 서리에 먼저 놀라는구나
寂 歷 搖 霞 彩 (적력요하채)　　고요히 노을 빛에 흔들리니
婆 娑 照 鏡 光 (파사조경광)　　거울에 비치는 춤추는 모습같구나.

: 중국의 장설(張說)은 그의 시에서 '텅 빈 산이 고요하니 도심(道心)이 인다.' 라고 했는데 위의 시와 맥이 비슷하다. 노을 빛에 물든 나뭇가지의 흔들림이 맑은 물에 젖는 승경이라면 마음공부가 저절로 될 듯하다.

45.

平園鋪雪 (평원포설) 넓은 뜰에 펼쳐진 눈.

不 覺 山 雲 暗 (불각산운암)　　어둑하여 산구름을 알지못하고

開 窓 雪 滿 園 (개창설만원)　　창을 여니 눈이 뜰에 가득하네

階 平 鋪 遠 白 (계평포원백)　　온 뜨락 멀리까지 하얗게 펼쳐지니

富 貴 到 閒 門 (부귀도한문)　　평안한 집에 부귀가 왔네그려.

: 소쇄옹의 높은 덕을 부귀의 상징인 서설에 빗대어 표현하였다.

46.

帶雪紅梔(대설홍치) 눈에 쌓인 붉은 치자.

曾聞花六出(증문화육출)　여섯 잎의 꽃이라 일찍이 들었는데
人道滿林香(인도만림향)　사람들은 온 숲이 향기라하네
絳實交靑葉(강실교청엽)　붉은 열매와 푸른 잎이 어우러지고
淸姸在雪霜(청연재설상)　눈서리 어려 맑고 곱구나.

: 눈서리 어린 붉은 치자를 지조 높은 선비의 상징으로 삼고 있다. 소쇄옹을 염두에 둔 듯하다. 잎은 사철 푸르고 꽃은 유독 희며 향기는 담백하면서 진하고 열매는 천연염료와 약재 등으로 이용된다. 어찌 보면 치자는 선비의 모습, 빛깔과 향기 그리고 사회적 역할의 거울이라는 생각이 든다.

47.

陽 壇 冬 午 (양단동오) 겨울 낮 단(壇)에 볕이 드니.

壇 前 溪 尙 凍 (단전계상동)　　단 앞의 계곡은 오히려 얼었는데

壇 上 雪 全 消 (단상설전소)　　단 위의 눈은 모두 녹았네

枕 臂 迎 陽 景 (침비영양경)　　팔을 베고 따뜻한 볕 쬐는데

鷄 聲 到 午 橋 (계성도오교)　　닭 울음이 오교에까지 들려오네.

: '오교(午橋)' 는 중국 당나라 배도(裵度)가 조성한 원림이 있는 곳인데 이 시에서는 소쇄원을 말한다. 자연에 순응하며 살아가는 은일거사의 청빈함이 엿보이는 글이다. 소쇄원도를 보면 48영이 걸려 있던 담장 곁에 '愛陽壇(애양단)' 이라는 글씨가 새겨져 있으며 지금도 담장에 박혀 있다.

48.

長 垣 題 詠 (장원제영) 긴 담에 걸린 글.

長 垣 橫 百 尺 (장원횡백척)　　백척의 긴 담이 가로로 놓여 있어

一 一 寫 新 詩 (일일사신시)　　하나하나 새로이 시를 써 붙였네

有 似 列 屛 障 (유사열병장)　　병풍이나 간막이를 벌려 놓은 듯

勿 爲 風 雨 欺 (물위풍우기)　　ㅌ비바람아 함부로하면 아니되느니.

: 소쇄원 내원 담장이 시작되는 지점에 오랫동안 판각되어 박혀 내려오던 것이 없어졌다고 들었다. 소쇄원도를 보면 '金河西長垣四十八詠手題(김하서장원48영수제)' 라는 글자가 담장에 새겨져 있다. 도학의 승경지로서 영원히 번성하기를 기원하는 작자의 애틋한 마음이 엿보인다.

8

무이도가(武夷櫂歌)와 소쇄원 –
숨은 그림의 시작과 끝은 이 땅에 이상향을 실현하는 것

(무이도가) – (소쇄원)

홍교 – 홍교

옥녀봉 – 할미봉

가학선 – 광풍각

금계 – 십장폭

운기심 – 제월당

창병 – 오암

은병 – 옹정봉

고루암 – 고암동

도원, 별유천 – 고산, 소쇄원

소쇄원은 사화를 입어 은거를 위해 축조되었고 주자의 학문을 따랐던 선비학자들이 교류했던 곳이기에 무이구곡을 형상화했다고 할 수 있을 것이다. 입구의 홍교와 오곡문, 고암동은 좋은 예라고 볼 수 있다. 소쇄원을 이해하는데 도움이 되겠다는 생각에서 '무이도가'와 해제를 실었다.

武夷山上有仙靈(무이산상유선령) 무이산 위에는 신선이 있고
山下寒流曲曲淸(산하한류곡곡청) 산 아래는 맑고 시원한 물이 굽이굽이 흐르네
欲識箇中奇絕處(욕식개중기절처) 그 속의 빼어난 절경을 알고자하면
櫂歌閒聽兩三聲(도가한청양삼성) 뱃노래 두 세 가락을 한가로이 들어보게나.

一曲溪邊上釣船(일곡계변상조선) 일곡이여, 시냇가의 낚시배에 오르니
幔亭峰影蘸晴川(만정봉영잠청천) 만정봉 그림자가 맑은 물속에 잠겨있네
虹橋一斷無消息(홍교일단무소식) 무지개다리 끊긴 뒤로 소식이 없고
萬壑千巖鎖翠煙(만학천암쇄취연) 골짜기 바위마다 푸른 안개가 서려 있구나.

二曲亭亭玉女峰(이곡정정옥녀봉) 이곡이여, 우뚝 솟은 옥녀봉이여
挿花臨水爲誰容(삽화임수위수용) 꽃을 꽂고 물가에 있으니 누구를 위한 꾸밈인가
道人不復陽臺夢(도인불부양대몽) 도인은 미색에 대한 꿈을 다시 꾸지 않고
興入前山翠幾重(흥입전산취기중) 흥에 겨워 앞산에 들어가니 푸르름이 겹겹이로고.

三曲君看架壑船(삼곡군간가학선) 삼곡이여, 그대 골짜기에 매인 배를 보았는가
不知停棹幾何年(부지정도기하년) 노를 멈춘지 몇 해인지 모르겠네
桑田海水今如許(상전해수금여허) 지금은 뽕나무밭이 바다로 변해 있으니

泡沫風燈敢自憐(포말풍등감자련) 물거품 같고 바람앞의 등불같은 인생을 어찌 스스로 슬퍼하랴.

四曲東西兩石巖(사곡동서양석암) 사곡이여, 동,서쪽 두 개의 바위산에
巖花垂露碧毿毿(암화수로벽람삼) 바위 이끼는 잔 이슬이 맺혀 퍼렇네
金鷄叫罷無人見(금계규파무인견) 닭은 울었는데 사람은 보이지 않고
月滿空山水滿潭(월만공산수만담) 달빛은 빈산에 가득하고 물은 못에 넘실대네.

五曲山高雲氣深(오곡산고운기심) 오곡이여, 산은 높고 구름 기운은 깊어
長時煙雨暗平林(장시연우암평림) 오랜시간 안개비가 숲에 자욱하네
林間有客無人識(임간유객무인식) 숲속의 나그네를 아는 이 없고
欸乃聲中萬古心(애내성중만고심) 뱃노래 소리에 만고의 수심이 가득터라.

六曲蒼屛繞碧灣(육곡창병요벽만) 육곡이여, 펼쳐진 푸른 바위가 푸른 물굽이를 에워싸고
茅茨終日掩柴關(모자종일엄시관) 띠집은 하루내내 사립문이 닫혀있네
客來倚棹巖花落(객래의도암화락) 나그네가 들어 노에 기대니 바위옷은 떨어지고
猿鳥不驚春意閒(원조불경춘의한) 원숭이와 새들은 놀라지 않고 봄의 정취만 한가롭구나.
七曲移船上碧灘(칠곡이선상벽탄) 칠곡이여, 배를 옮겨 푸른 여울에 올라
隱屛仙掌更回看(은병선장갱회간) 은병산과 선장암을 재차 바라보네
可憐昨夜峰頭雨(가련작야봉두우) 어여쁘다 어제 밤에 산꼭대기에 내린 비여
添得飛泉幾度寒(첨득비천기도한) 불어난 저 폭포는 몇 줄기의 물길을 이루는가.

八曲風煙勢欲開 (팔곡풍연세욕개)	팔곡이여, 바람과 안개는 걷히려 하고
鼓樓巖下水縈回 (고루암하수영회)	고루암 아래엔 물이 맴돌고 있네
莫言此處無佳景 (막언차처무가경)	이 곳에 아름다운 경치가 없다고 말하지 말지니
自是遊人不上來 (자시유인불상래)	노니는 사람들이 올라오지 아니할 뿐이네.

九曲將窮眼豁然 (구곡장궁안활연)	구곡이여, 막다른 곳에서 시야가 훤히 트이니
桑麻雨露見平川 (상마우로견평천)	이슬젖은 뽕밭 삼밭 너머로 잔잔한 시내가 드러나네.
漁郎更覓桃源路 (어랑갱멱도원로)	뱃사공은 무릉도원의 길을 또 다시 찾지만
除是人間別有天 (제시인간별유천)	오직 이곳이 인간세상에 이상향인 것을.

중국 송나라 시대에 성리학을 집대성한 주자(朱子)는 말년에 무이산에 은거하여 무이정사(武夷精舍)를 짓고 학문연구와 후학양성에 주력하였다. 주자가 강의를 시작한지 일년이 지난 1184년 봄에 여러 제자들과 한가로이 뱃놀이를 즐기며 지은 시가 위의 '무이도가' 이다. 400년이 흐른 뒤 조선시대에 훈구세력과 사림세력의 격한 대립으로 사화가 발생하였다. 정쟁에서 밀린 사림세력들은 주자의 학문에 심취했던지라 더불어 '무이도가' 를 탐닉한 것으로 생각된다. 그리하여 조선에서는 무이도가에 등장하는 '무이구곡' 을 형상화 하려는 수많은 작품이 등장하였다. 안축(安軸)의 죽계구곡(竹溪九曲), 이황(李滉)의 도산구곡(陶山九曲), 이이(李珥)의 석담구곡(石潭九曲), 정구(鄭逑)의 무흘구곡(武屹九曲), 송시열(宋時烈)의 화양구곡(華陽九曲), 홍양호(洪良浩)의 우이구곡(牛耳九曲), 이원조(李源祚)의 포천구곡(布川九曲), 송익필(宋翼弼)의 주자구곡(朱子九曲), 윤봉구(尹鳳九)의 가야구곡(伽倻九曲) 등이며 천년고찰 전남 곡성의 도림사 구곡까지 조선의 산하는 온통 구곡의 이미지로 채색되었고 서원건축, 도자기, 서화, 시가, 문예비평 등에 지대한 영향을 끼쳤다.

9

정자(亭子)의 분류 – 정자가 다 같은 정자는 아니다

쓰임새, 규모, 위치, 주변경관 등에 의해 구별된다

○○亭 · ○○堂 · ○○臺 · ○○軒 · ○○樓 · ○○齋 · ○○精舍 · ○○殿

○○閣 · ○○榭 · ○○苑 · ○○園 · ○○園林

문헌에 의하면 삼국시대부터 정자류를 축조해서 활용하기 시작하여 현재에 이르고 있으며 별서(別墅), 별업(別業), 촌서(村墅) 등의 명칭을 사용했음이 드러난다. 필자는 현재 일반인들에 의해 통용되는 '정자(亭子)' 를 쓰임새 등 특징적으로 분류하여 '정자류(亭子類)' 라 칭하였다. 후대로 내려올수록 용도가 혼재되는 경향은 있으나 대체적으로 아래의 내용으로부터 크게 벗어나지 않는다. 그리고 쓰임새를 알면 직접 확인하지 않더라도 그 정자류의 규모, 위치, 주변경관 등을 비교적 상세히 가늠할 수 있다.

(1) ○○亭은 심신을 이완케하며 휴식을 주용도로 하는 공간이다. 시정, 모정, 식영정, 농월정, 압구정 등 (2) ○○堂은 거처를 주목적으로 하는 공간이며 사랑방 느낌이 강한 곳이다. 내당, 별당, 환벽당, 연경당 ,독락당 등 (3) ○○齋는 학동들이 기숙하면서 학문을 닦는 곳인데 거의 쌍으로 축조한다. 동재, 서재 / 절등재, 죽림재 등 (4) ○○樓는 술, 노래, 춤, 기생이 등장하는 연회가 주쓰임새다. 연회장이라고 생각하면 의미가 맞을 것이다. 경회루, 부벽루, 광한루, 촉석루, 죽서루 등 (5) ○○軒은 연구실, 집무실의 용도로 주로 쓰였다. 동헌, 명옥헌, 오죽헌, 기오헌 등 (6) ○○精舍는 지역의 총기(聰記)있는 학동들을 모아 심화학습, 영재교육을 주로 하던 곳이다. 남간정사, 고암정사, 풍암정사, 옥산정사 등 (7) ○○臺는 기다리고 맞이하는 것이 주용도이기에 주로 강, 해안 등의 입구에 세워진다. 청와대, 을밀대, 해운대, 경포대, 태종대, 만월대, 조대 등 (8) ○○殿은 군주, 절대자, 신, 신적인 존재가 사는 곳 또는 관계가 있거나 모시기 위해 세우는 건축물이다. 근정전, 교태전, 대성전, 대웅전 등 (9) ○○閣은 학문이 상당한 수준에 이른 사람들이 모여서 학문을 논하는 곳이다. 규장각, 광풍각, 몽한각 등 (10) ○○苑, ○○園, ○○園林은 비교적 넓은 범위의 공간에 건축, 조경, 석물, 수공간, 학문, 행위, 신앙적 요소 등이 총합된 곳을 말하며 창덕궁 후원, 소쇄원, 부용동원림은 대표적인 예다. 즉 복합문화공간, complex를 의미한다고 할 수 있다.

10

전통조경에 부쳐 –
의미, 상징에 따라 수목화초를 선별해 식재하다.

오동나무 · 살구나무 · 측백나무 · 동백나무 · 배롱나무 · 복사나무 · 버드나무
대나무 · 소나무 · 매화나무 · 난 · 국화 · 연

소쇄원은 물론이고 다른 누정들과 서원, 향교, 사찰, 사당 등의 조경을 살펴보니 상당부분 일치하는 점을 찾을 수 있었다. 고대(古代)에 대해서는 자세히 아는 바가 없지만, 유학이 전래된 이후 특히 조선시대 선비학자들과 관련된 공간은 귀하게 여기는 정도와 심어서 좋을 수목화초, 그렇지 않은 것을 구분하여 조경을 한 점이 돋보인다. 유학의 영향이 크다고 생각되며 양화소록, 지봉유설, 산림경제, 임원경제지, 연려실기술 등에 내용이 언급되어 있다. 인재 강희안의 '양화소록' 내용을 소개하여 우리 전통조경의 일면을 살펴봄으로써 이해를 돕고자 한다.

운치, 부귀, 번화함에 따라 화목구품(花木九品)으로 나누었으며, 평론과 꽃이 피는 시기도 구분하여 언급하였다.

- 1품은 송(松), 죽(竹), 연(蓮), 국(菊)
- 2품은 모란[牡丹]
- 3품은 사계, 월계, 왜철쭉, 영산홍, 진송(眞松), 석류, 벽오동
- 4품은 작약, 서향화, 노송(老松), 단풍, 수양(垂楊), 동백
- 5품은 치자. 해당, 장미, 홍도, 벽도(碧桃), 삼색도, 백두견, 파초, 전춘라, 금전화
- 6품은 백일홍, 홍철쭉, 홍두견, 두충
- 7품은 이화(梨花), 행화(杏花), 보장화, 정향, 목련
- 8품은 촉규화, 산단화, 옥매, 출장화, 백유화
- 9품은 옥잠화, 불등화, 연교화, 초국화, 석죽화, 앵속각, 봉선화, 계관화, 무궁화 이다.

'화암수록(花庵隨錄)' 의 화목구등품제는 아래와 같다.

- 1등은 매(梅), 국(菊), 죽(竹), 연(蓮), 송(松)
- 2등은 모란, 작약, 왜홍, 해류(海榴), 파초
- 3등은 치자, 동백, 사계, 종려, 만년송
- 4등은 화리(華梨), 소철, 서향화, 포도, 유자

• 5등은 석류, 도화, 해당, 장미, 수양
• 6등은 두견, 행화, 백일홍, 감, 오동
• 7등은 이화, 목련, 정향, 앵두, 단풍
• 8등은 목근, 석죽, 옥잠화, 봉선화, 두충
• 9등은 규화, 전추라, 금전화, 창잠, 화양목이다.
• 매(梅)는 강산(江山)의 정신이 깃들고 태고의 모습이 드러난다. 11월 (동짓달)부터 이듬해 이월에 꽃이 핀다.
• 국(菊)은 혼연한 기운은 더없는 조화요 금취(禁醉)는 꽃중의 성인이다. 9월부터 11월에 꽃이 핀다.
• 연(蓮)은 비 갠 뒤 맑은 하늘의 달빛이요 훈훈한 봄바람 같고 깨끗한 병속에 담긴 가을 물과 같다. 6월에 꽃이 핀다.
• 모란[牡丹]은 자체가 본래부터 큼지막하여 부귀번화의 우두머리라 할 만하다. 4월에 꽃이 핀다.
• 작약은 모든 꽃무리에서 뛰어나고 화려함이 화왕(花王-모란)에 뒤지지 않는다. 4월에 꽃이 핀다.
• 왜홍은 온갖 꽃을 어리둥절케 하고 꽃떨기를 덮어누른다. 온누리에 환하게 피어 빛나면 사람마다 경탄하지 않는 이가 없다. 4월에 꽃이 핀다.
• 해류는 찡그린 얼굴을 하고 있으면 보는 이를 단장(斷腸)케 하는 것 같은 매력이 있다. 5월에 꽃이 핀다.
• 석류는 비연(飛燕)과 옥진(玉眞)의 도타운 은총이 육궁(六宮)을 경도(傾倒)함과 같다. 5월, 6월에 꽃이 핀다.
• 사계는 장강(莊姜)과 반희(班姬)의 착한 부덕(婦德)과 정성스런 마음씨라고 할 수 있다. 3월, 6월, 9월, 12월에 꽃이 핀다.
• 서향화는 맑은 향기가 10리(里)까지 풍기며 운치가 맑고 뛰어나서 책상위의 벗이라 할 만하다. 5월에 꽃이 핀다.

- 치자는 먹이를 취하지 않은 학과 기러기가 속세를 떠나는 듯하다. 4월에 꽃이 핀다. 4월 봄의 보름밤에 달빛에 어린 치자꽃은 여인네 백옥피부를 희롱하고, 그 향기는 온 마을을 휘돌아 나의 가슴을 저미더라.
- 동백은 도골선풍(道骨仙風)이 속세를 벗어난 기상이다. 12월(섣달), 1월(정월)에 꽃이 핀다.
- 해당(海棠)은 고운 맵시에, 잠에 취한 듯 몽롱한 눈매를 연상케 한다. 3월, 4월에 꽃이 핀다.
- 장미는 자태가 아리땁고 아담하다. 4월에 꽃이 핀다.
- 백일홍은 순영(舜英)처럼 얼굴빛이 진하고 붉다. 아름답고 상긋거림이 자도(子都)와 같다. 7월, 8월에 꽃이 핀다.
- 홍벽도는 문에 기대어 웃으면 말 타고 지나가는 길손이 채찍을 놓치지 않을 수 없을 것이다. 2월에 꽃이 핀다.
- 살구는 절등(絕等)한 작은 별이라 할 만하다. 3월에 꽃이 핀다.
- 이화(梨花)는 한아(閑雅)한 부인 같다. 3월에 꽃이 핀다.
- 설죽은 울지 않는 어린 아기 같다. 6월, 7월, 8월에 꽃이 핀다.
- 정향은 질박하고 근면한 행동인이라 할 만하다. 3월에 꽃이 핀다.
- 옥잠화는 영리한 어린 스님 같다. 7월에 꽃이 핀다.
- 전추라는 문간에서 심부름하는 동자라고 생각된다. 7월, 8월, 9월에 꽃이 핀다.

11

소쇄원 수목화초 –
소쇄원에 존재했거나 현존하는 나무와 꽃들

매화나무 · 난 · 국화 · 대나무 · 연 · 소나무 · 와송 · 오동나무 · 사계화 · 파초
복사나무 · 치자나무 · 산사나무 · 회화나무 · 산수유나무 · 동백나무 · 영산홍
자산홍 · 백도화나무 · 창포 · 순채

(1) 불두화

인동과에 속하는 낙엽송 관목이며 거의 대부분이 사찰에 심어져 왔다. '꽃모양이 부처님의 육계(두상의 볼록한 부분, 지혜가 담겨 있는 곳을 이름.)를 닮았다' 하여 불두화(佛頭花)로 명명했다는 이야기가 전해오기도 한다. 불두화는 수술과 암술이 없으며 오직 흰꽃잎만 있는 무성화(無性花)이다. 그래서 속세와 인연을 끊고 도를 찾아 용맹정진하는 수도승들이 불두화를 즐겨심었음은 오히려 자연스러운 일이 아닐까? 소쇄원 초입쪽에 해묵은 불두화나무가 상당한 세를 떨치며 장관을 이루었는데 입구쪽을 확대포장하면서 없애버림으로써 아쉬움을 더한다.

(2) 벽오동나무

낙엽성 교목으로 높이가 15미터까지 자라며 오동, 청오, 청피수. 청동목, 동마수, 이동 등으로 불리는데 오동나무와는 구별된다.

벽오동나무는 태평성대, 성군(聖君), 귀한 손님을 상징하는 전설의 동물인 봉황새와 상징적인 의미를 지니며 식재한다. 봉황은 벽오동나무에만 깃들며 대나무 열매와 대나무 이슬만을 먹는다하여 벽오동나무, 봉황, 대나무는 서로 뗄 수 없는 상징적 의미를 갖는다.

이런 의미에서 봉황의 지명을 쓴 곳이나 봉황의 현판을 가진 집은 가까이에 벽오동나무와 대나무가 있어야만이 상징적으로 옳다. 우리나라의 대통령 상징 문양인 봉황문양도 태평성대를 이루어 모든 국민이 평안히 살 수 있도록 정치를 잘 해 달라는 기원의 의미라고 생각한다. 소쇄원 대봉대 앞쪽에 해묵은 벽오동나무가 있었으나 고목이 되어 수명을 다하고 새로 식재하였는데 제법 기틀을 갖춰 이제는 봉황을 맞을만도 하다. 우리말에 '딸을 나면 오동나무를 심는다.' 는 얘기가 전한다. 이는 오동나무로 장롱 등 가구를 만들어주기 위함이 아니라 딸의 배필 즉 사윗감을 봉에 견주어 오동나무에 깃들기를 기원하는 상징적 의미이다. 벽오동나무 한 그루도 심지 않고서 과년한 딸에게 짝을 찾지 못한다고 성화하지 마시라.

벽오동나무의 열매는 ‘오동자’라고 하는데 한방에서 소화를 돕고 위통을 치료하는 데 쓰이며 줄기나 뿌리는 해소, 진해에 이용된다. 또한 벽오동나무는 거문고, 비파의 재료로 사용되기도 하고 건축재, 기구재, 펄프재 등으로 쓰이기도 한다.

(3) 조릿대

왕대나 오죽 등과는 달리 토종 대나무이며 산에서 흔히 볼 수 있어 산죽이라고 불리기도 한다. 벼과에 속하는 상록성 관목이며 1~2미터의 높이로 자란다. 조릿대의 종류로는 섬조릿대, 제주조릿대, 섬대, 갓대, 신이대 등이 있다. 생울타리를 만들어 활용해도 좋고 뿌리줄기의 특성을 이용하여 경사면에 심어서 토사의 유출을 막을 수도 있다. 한방에서 담죽엽, 지죽, 임하죽, 토맥동이라는 생약명으로 잎, 줄기를 약재로 쓴다. 해열, 이뇨, 갈증에 효험이 있으며 가슴이 답답하고 열이 오를때, 소변이 잘 나오지 않거나 입이 마르고 구취가 나는 것을 치료해준다.

(4) 동백나무

내륙은 지리산 화엄사, 해안으로는 서쪽에 충남 서산과 대청도 동쪽에는 울릉도가 생육북한계선이다. 동백나무에 얽힌 많은 전설이 있는데 여수 오동도의 전설은 이러하다. ‘오동도에 부부가 귀향하여 금슬좋게 살던 중에 하루는 남편이 바다로 고기잡이를 떠난다. 이 때를 틈타 들어온 도둑이 부인을 겁탈하려 하자 그곳을 빠져나오다 그만 부인은 바다에 빠져 죽고만다. 어느날 부인을 묻은 곳에서 아름다운 나무가 자라기 시작했는데 자세히 보니 부인을 닮은 동백나무였다.’는 것이다. 대부분의 꽃이 벌과 나비 등에 의하여 수분이 이뤄지는데, 곤충이 활동하기에 너무 이른 계절인지라 동백나무의 꽃은 동백꽃의 꿀을 먹고 사는 ‘동박새’에 의하여 수분이 이뤄지는 ‘조매화’라는 특성을 지닌다. 동백꽃은 산다화라 하여 지혈, 소종, 어혈, 장염, 산후출혈, 화상, 타박상에 약으로 사용하며 잎을 태운 재는 유약으로 쓰기도 한다.

(5) 살구나무

옛 시골집 대문 한 켠에 으레 서 있는 나무를 볼 수 있는데 바로 살구나무다. 그 집에 깃들어 사는 사람들의 무병장수를 기원하는 의미에서 심었다고 전해지며, 이와 맥을 같이하여 외나무다리 등 위험한 지점에 주의 경계를 위해 심었다한다. 과실 수확은 부차적이라는 것이다.

중국 고대에 공자가 여러 지역을 주유하던 중 행단(杏壇)에서 제자들에게 학문을 강의했다는 데서 유래하여 학문장려의 나무로 상징되기도 하고 과거시험 급제자에게 살구꽃을 내리기도 하여 급제화(及第花)라 부르기도 한다. 또한 당나라의 시인 두목(杜牧)의 '청명(淸明)' 이라는 시에 행화촌(杏花村)이 언급되는데 이는 술을 파는 여인이 있는 마을이라는 뜻으로 회자되어 이후 술집, 주막에 살구나무를 심는 계기가 되기도 하였다.

淸 明 時 節 雨 紛 紛 (청명시절우분분)　청명 절기에 비는 부슬부슬 내리고
路 上 行 人 欲 斷 魂 (노상행인욕단혼)　길 가는 나그네의 마음을 에는 듯하네
借 問 酒 家 何 處 在 (차문주가하처재)　술집이 어드메인가 물으니
牧 童 遙 指 杏 花 村 (목동요지행화촌)　목동이 저 너머 행화촌을 가리키네

살구의 과육과 씨는 자양강장, 육체, 토사, 설사, 선홍열, 기침 등에 약으로 쓰기도 한다.

(6) 소나무

우리나라의 전국 산야에서 볼 수 있는 상록성 교목이다. 부피와 높이 자람이 탁월하고 조직이 치밀한데다 내구성이 강하여 주로 건축재로 사용했으며 특히 궁궐을 건축할 때 애용하였다. 남벌이 심하여 건축재로 수급이 어려워지자 국가에서 벌채 금지와 송숲가꾸기 등 관리를 주도하기도 했을만큼 특별한 사랑을 받는 수종이다.

전쟁이나 기근 등으로 식량이 부족할 때는 소나무 꽃가루, 속껍질, 솔잎 등을 대용

식으로 삼기도 하였다. 한방에서는 신경쇠약, 소염, 진통, 신경통, 풍증, 염증, 강장 등에 약으로 쓰기도 한다.

학자 선비들은 소나무의 곧고 푸르름과 한결같음을 지조, 절개, 충절의 대명사로 여겨 글과 문인화의 소재로 줄곧 삼았으며 소나무와 자신의 일체화를 조금도 주저하지 않았다. 그러기에 자신이 머무는 곳에 소나무의 식재는 당연지사였던 것이다.

우리나라의 대표적인 수종인 소나무가 최근들어 기상 및 환경오염의 악화 등으로 고사하는 개체수가 늘고 있으며 머지않아 이 땅에서 사라질 것이라는 전문가들의 진단은 안타까움과 대책마련의 시급함을 더해준다.

(7) 느티나무

당산나무, 규목, 괴목, 귀목 등으로 불리우며 마을 입구나 동네 어귀에 주로 심어져 있다. 천연기념물 또는 보호수로 지정되어 관리보존되는 다수의 느티나무가 있다. 우리나라에서 천 년 이상된 60여 그루의 나무중에 20여 그루가 느티나무다. 이처럼 장수하며 높이와 부피자람이 왕성하여 신성시 하고 음력 정월 대보름 또는 한식일에 제를 올리기도 한다. 무늬와 색상이 아름답고 조직이 치밀하여 견고하고 내구성이 강하여 건축재로 애용되었으며 조각재와 악기재로 사용되기도 한다. 마을마다 심어졌고 신성시 여겼기 때문인지 전북 남원의 오수의 개, 광주 무등산의 효자 만석이 등 인간과 얽힌 전설이 많이 전해온다. 전통조경수로 등장하는 느티나무는 남가일몽, 일장춘몽의 고사성어와 관련이 있는 것으로 주장하는 사람들도 있다.

(8) 회화나무

회화목, 회나무, 홰나무, 괴화나무, 괴목, 괴수 등으로 불리며 키가 45미터 지름이 3미터까지 자라는 최고의 길상목으로 손꼽혀 온 나무다. 집안에 심으면 가문이 번창하고 큰 인물이 난다고 했으며, 잡귀신이 범접을 못하고 좋은 기운이 모여든다하여 신목으로 귀하게 여겼다. 따라서 함부로 아무곳에나 심지 못하게 했으며 선비의 집, 서원, 절, 대궐 등에만 심을 수 있었고 임금이 공이 많은 학자나 관료에게 상으로 내리기도 하였다. 진실을 가려주는 힘이 있다고 믿었던 중국에서는 재판관이 반드시 회화나무 가지를 들고서 재판에 임했다고 한다.

조선시대에 경북 안동부사로 부임한 맹사성이 거리를 순찰하던 중 여인들의 슬픈 울음소리가 끊이지 않자 이유를 물은 즉 과부들의 곡성이라는 것이다. 이에 안동의 지세를 살피고 회화나무를 심었더니 더 이상 과부가 늘어나지 않았다는 일화가 전한다.

지금도 안동에는 회화나무 거목이 많다. 회화나무는 콩과 식물이고 질소를 만들어 땅을 비옥케 하며 모든 나무중에서 산소를 가장 많이 만들어 내기도 하고 가장 많은 게르마늄 원소를 함유하고 있다.

8월에 꽃이 피고 9~10월에 열매를 맺는데 꽃은 종이나 천의 염료로 쓰이고 열매와 꽃, 껍질 등은 동맥경화, 고혈압, 장출혈, 자궁출혈, 치질, 대하증, 잇몸염증, 화상, 강장, 검은머리 등에 약재로 쓰인다. 벌레에도 강하여 조경수 등으로 권할만 하다.

부귀영화는 한 낱 봄날의 꿈과 같다는 '남가일몽(南柯一夢)' 의 고사(故事)에 등장하는 나무로 알려져 있기도 하다. 가지 뻗음이 학자의 기개를 닮았다하여 학자나무(scholar tree)라는 영어명칭이 붙어있다.

(9) 측백나무

측백(側柏) 또는 백(柏)으로 표기하며 '육조잡서' 라는 문헌에 의하면 거의 모든 나무들이 동쪽을 향하는데 측백나무만이 서쪽을 향하므로 서쪽을 상징하는 흰색의 백(白)을 나무 목(木)과 합하여 백(栢)으로 했다고 한다. 잎은 앞뒤의 색깔과 모양이 비슷하여 앞뒤 구분이 거의 없기에 겉과 속이 같은 '군자의 나무' 라고 칭송을 받아왔다. 중국에서는 사람의 계급에 따라 묘지에 심는 나무가 달랐는데 제일의 소나무를 왕릉에 심었고 그 다음의 측백나무를 왕족의 묘지에 심었다. 가공이 쉽고 재질이 강해서 건축재, 선박재, 조각, 세공재, 관 등으로 사용했으며 장출혈, 지혈재, 신경쇠약, 불면증, 백일해, 소아경풍, 심장병, 방광염 등에 잎과 가지 및 씨앗을 약재로 쓰기도 하며 중국에서는 불로장생의 명약으로 귀하게 대우받기도 하였다.

(10) 산사나무

장미과에 속하는 낙엽송 소교목인데 흰 꽃에 붉은 열매를 맺는 것을 주로 볼 수 있다. 나무에 돋는 가시가 잡귀를 물리친다는 벽사(辟邪)의 의미를 지녀 우리나라와 중국 등에서 울타리로 심기도 하였으며, 서양에서는 '벼락을 막아주며 악귀를 물리친다' 하여 울타리로 심기도 하고 결혼식이나 축제일에 산사나무 가지를 사용하기도 하였다. 5월을 대표하는 나무로 산사나무를 지칭하여 "May"라고 했으며, 유럽의 청교도들이 신대륙으로 향할 때 벼락을 막아주고 안전항해로 목적지를 안내해주리라 기원하고 믿으며 타고 갔던 배의 이름(The May flower)도 여기에서 유래한다는 것이다. 산사죽, 산사탕, 산사주(酒)로 이용하며 건위,소화,지혈,식중독,요통,빈혈,백혈병 등에 효능이 있다. 아래와 같은 일화가 있어 소개한다. 한 선인과 처자가 산사나무 곁을 지날 적에 선인이 다음과 같이 말했다. 산사나무 열매 100개를 먹으면 미인이 된다고 하더라. 이 말을 듣던 처자가 재빠르게 산사나무 열매를 한웅큼 따다가 입에 넣고 씹다가 한 알도 삼키지 못하고 뱉었다. 그 모습을 지켜본 선인이 웃으며 하는 말이 겉모습이 예뻐진다고 미인이더냐? 마음이 아름다워야지!라고 혀를 찼다고 한다. 익기전의 산사나무 열매는 떫은 맛이 고약하기 그지없다. 그 후로 겉모습만 예뻐지고자하는 여성의 허영심을 경계하는 의미에서 산사나무는 추녀를 상징하는 나무라고 전해온다.

(11) 복사나무

장미과에 속하는 낙엽성 소교목이다. 씨, 꽃, 잎 등은 어혈, 진통, 진핵, 해소, 변비, 각기, 감기, 발모, 이뇨, 피부병 치료제로 사용하기도 한다. 힘, 장수(長壽) 그리고 벽사신앙과 관련한 이야기가 많으며 아름다운 여인이나 무릉도원-중국의 '무릉' 이란 어부가 난파를 당해 표류하다 어느 협곡을 지났는데 갑자기 사방이 환해지고 툭 트이며 복사꽃이 만발하고 평화스럽고 황홀한 곳이었다. 달콤한 과즙의 복숭아를 즐겨먹고 아름다운 여인과 여생을 태평하게 보냈다는 곳이니 인간이 꿈꾸는 이상적 세계의 대명사다.-의 상징으로도 자주 등장한다. 서유기에 등장하는 손오공은 백 년마다 열리는 천도복숭아를 훔쳐 먹고 괴력을 얻었으며 중국 한 대에 동방삭은 복숭아 세 개를 먹고 삼 천년을 살았다는 이야기가 전해온다. 복사나무는 벽사신앙과 관련이 있기도 하여 무속에서 굿을 할 때 복사나무 가지를 사용했으며, 부적에 찍는 도장은 복사나무로 만들었고 아이의 돌날에 복사열매 모양을 새긴 반지를 끼워주기도 하였다. 복사열매는 제사상에는 올리지 않는 과일이다. 이유인즉 자신의 주관적 판단으로 훌륭하다고 생각한 조상이 그렇지 않을 경우, 잡귀신으로 취급되어 제물을 드시지 못할 것을 염려한 사려깊은 후손의 배려라는 것이다. 또한 복사나무는 여인을 상징하기도 하는데 옛시와 그림에 복사꽃이 여인에 비유되어 등장하기도 하고 임신한 여인이 찾는 과일로 잉태의 상징이기도 하였다. 한편 복숭아의 생김새와 씨가 여성 상징을 닮아 고상하지 못하다하여 천시되기도 했다고 한다.

(12) 매화나무

중국이 원산지이며 장미과에 속하는 낙엽성 교목이다. 기록으로 보아 신라, 백제 또는 그 이전에 우리나라에 전래된 것으로 볼 수도 있겠다. 꽃중의 으뜸으로 여겨 백화괴(百花魁), 모든 꽃의 대명사 격으로 화형(花兄)이라 불리우며 군자의 고결함을 지녔기에 난초, 국화, 대나무와 더불어 사군자로 사랑을 받아왔다. 많은 종류중에 연초록 꽃받침의 푸른 빛이 도는 '청악소판' 이라는 품종은 은은하면서도 미혹하지 않는 고결한 향기로 수많은 선비들의 벗으로 여겨졌다.

꽃과 열매는 술, 차, 죽 등으로 애용되기도 하고 한방에서는 열매를 해열, 건위, 강장, 구토, 설사, 이질 등에 약으로 처방하기도 한다.

(13) 산수유나무

눈 속을 헤치고 노랗게 피어나는 봄의 전령사 복수초가 질 무렵 층층나무과의 소교목인 산수유가 원색의 노란 꽃망울을 터트리며 봄을 알린다. 비로소 본격적인 봄의 시작인 셈이다.

석조, 촉산조, 육조 등의 한자 이름이 붙은 것은 열매 모양이 대추를 닮아서 인 듯하다. 열매는 작고 갸름하며 푸른색에서 노랗다가 붉은 빛으로 변하며 익는다.

강정제, 야뇨증, 요통, 어지럼증, 빈혈, 하체무력증, 월경통 등에 약재로 쓰이며 약주 재료로 많이 애용되기도 한다. 산수유 세 그루만 있으면 자녀를 대학에 보낼 수 있다하여 '대학나무' 라는 별칭이 있을 정도로 민가에서 각광을 받았던 나무다.

전통조경수로서 사랑받는 이유중 하나는 자손이 많을수록 가세가 튼실해지며 국가사회에 이바지하는 길이라고 여겼으므로 산수유나무가 많은 열매를 맺듯이 자손번창을 기원하는 의미에서 필수 조경수로 심었다고 한다.

(14) 석류나무

석류는 중국 한나라 때 장건이 비단길을 통하여 안식국(고대 이란 파르티아 왕조)에서 포도, 호두와 함께 들여온 후 우리나라에 전해졌다. 5~6월에 꽃이 피며 붉은색, 흰색, 노란색의 세 종류가 있고 열매를 맺지 못하는 것을 번화석류라 한다.

석류는 설사, 이질, 복통, 자궁출혈, 갈증, 구충 등에 약재로 이용하기도 한다. 석류는 열매의 촘촘함에서 비롯되었는지 총화단결, 협력 등의 상징을 갖고서 조경수로 즐겨 식재한다고 전한다.

(15) 목련

목련은 낙엽송 교목으로 키가 10~20미터까지 자라며 직경이 1미터까지도 자란다. 제주도 한라산 기슭에서 자생하는 것으로 알려졌으며 중부지방까지 식생이 가능하다. 흔히 볼 수 있는 중국 원산의 백목련, 자목련과 구별된다. 백목련은 꽃잎이 여섯 장이고 꽃잎의 길이는 세 장의 꽃받침과 거의 같으며 색과 모양 또한 비슷하다. 목련은 꽃잎이 여섯 내지 아홉 장이고 꽃잎이 꽃받침보다 크며 연한 홍색 줄이 있다. 개화시기도 목련이 백목련에 비해 보름정도 빨라 일찍 봄을 알린다. 자목련은 봄이 끝날 즈음 피기에 망춘화(忘春花)라고 불리기도 한다. 꽃봉오리가 붓을 연상케하여 목필(木筆), 대부분의 꽃들이 해를 향하는 것과는 달리 북쪽을 향해 있어 북향화(北向花), 꽃이 옥처럼 아름답고 향기로워 옥수(玉樹), 향린(香鱗), 눈이 내리는 중에도 봄을 부른다 하여 근설영춘(近雪迎春), 흐드러지게 피어 산을 뒤덮은 듯한 감흥에 망여옥산(望如玉山) 등으로 불리기도 한다. 한방에서는 꽃봉오리가 매운 맛이 있다 하여 신이(辛夷)라 하는데 비염 등 콧병에 특효가 있다고 전해온다. 또한 목련은 장마철에 불을 피우면 나쁜 냄새와 습기를 제거해주며 타면서 좋은 향기를 내뿜기에 잡귀를 쫓는 벽사나무로 이용되었다. 백목련과 자목련에 얽힌 슬픈 전설이 있는데 내용은 이러하다. 저승을 관장하는 옥황상제에게 아름답고 비단결 같은 고운 마음씨를 지닌 공주가 있었는데 그는 뭇 남성을 물리치고 오직 사나운 북해의 신에게 마음을 빼앗겨 요지부동이었다. 옥황상제의 반대를 무릅쓰고 궁을 빠져나온 공주는 북해의 신을 찾아갔으나 그에게 이미 아내가 있음을 알고 상심한 나머지 공주는 바다에 몸을 던졌다. 이를 가엾게 여긴 바다신은 공주를 양지녘에 묻어주고 자신의 아내마저 목숨을 거둔 후에 공주곁에 묻었다. 이를 안 옥황상제는 저미는 가슴을 부여잡고 두 무덤가에 꽃을 피웠는데 공주의 무덤에는 백목련, 바다신 아내의 무덤에는 자목련 이었다고 한다. 공주의 무덤가에 핀 꽃은 모두 북해신을 향하였는데 사람들은 이를 보고 이루지못한 사랑의 응어리를 안고 죽은 공주의 혼이 꽃으로 피었다 하여 '공주의 꽃' 이라 부른다고 한다.

(16) 배롱나무

꽃은 한여름에 피기 시작하여 피고지고를 거듭하다가 가을까지 100일 동안 핀다. 자미(紫薇), 만당홍(萬堂紅), 백일홍나무, 간지럼나무, 쌀밥나무라고 불리기도 한다. 사육신의 한 사람인 성삼문은 배롱꽃을 보고 아래의 시를 남겼다.

昨夕一花衰 (작석일화쇠)　간 밤에 꽃 한 송이 떨어지고
今朝一花開 (금조일화개)　오늘 아침에 꽃 한 송이 피어나네

相看一百日 (상간일백일)　서로 간에 일백 일을 바라보니

對爾好銜杯 (대이호함배)　너와 더불어 즐거이 한 잔 하련다.

또한 서울 경기의 민요에 '100일을 피었으니 우리 부모도 너 처럼 백년을 누리시옵소서' 라는 대목이 나온다. 잎과 뿌리를 한약재로 쓰는데 어린이의 백일해와 기침에 특효가 있고, 여성들의 대하증과 불임증에 좋으며, 혈액순환과 지혈에도 효과가 있다고 한다.

(17) 모과나무

장미과에 속하는 낙엽성 활엽 교목이며 화리목, 화초목, 화류목, 명려, 명사라 부르기도 한다.

열매는 울퉁불퉁하여 상당히 못생긴 것이 특징이다. 하여 못생긴 여자 아이를 가리켜 모과(모개)처럼 생겼다고 놀리기도 한다.

진해, 거담, 지사, 진통, 천식, 기관지염, 폐렴, 늑막염 등에 약용으로 쓰며 향기가 빼어나고 관상용으로 좋아서인지 민간이나 정자류에 조경수로 즐겨 심는다. 모과나무는 재질이 치밀하고 광택이 있으며 가공성이 좋아 가구재로 애용되기도 하는데 판소리 '흥부가' 에 나오는 화초장이 그 예다.

모과나무는 여성과 관계되는 내용이 있어서인지 집의 옆 또는 뒤쪽 한 켠에 심는 것이 상례다.

(18) 은행나무

고생대부터 생육하여 쥐라기에서 전성기를 맞이했던 은행나무는 현재 지구상의 식물중에서 가장 오래된 식물군이다. 중국에서 공자의 행단(杏壇)에 많이 심은데서 유래하여 우리나라에서도 향교, 서원, 사찰의 경내에 많이 심었고 신목으로 여겨지면서 악정을 경계하고 악정을 펴는 관리를 응징하고자 관아의 뜰에 심기도 하였다. 은행나무는 암나무, 수나무가 따로 있어서 구분이 매우 어렵다. '산림경제' 라는 책에 두모난

종자는 암나무가 되고 세모난 종자는 수나무가 되며, 수나무에 암나무 가지를 접붙이면 열매를 맺는다는 내용이 있는데 접붙이는 방식은 현재도 쓰이고 있으며 삽목을 하면 원래 나무의 특성을 그대로 받을 수 있다. 은행나무 잎은 고혈압, 당뇨병, 파킨슨병, 위경련 등에 효과가 있고 열매는 전통음식 재료로 널리 쓰일 뿐만 아니라 기침, 천식, 빈뇨, 임질, 강장, 폐결핵, 종기, 백일해, 어린이 야뇨증 등에 효험이 있다. 24절기 중 경칩날에 처녀에게는 세모난 수은행을, 총각에게는 두모난 암은행을 보내어 사랑을 고백했다는 선인들의 음양 이치에 따른 낭만어린 이야기가 전해온다.

(19) 앵두나무

중국 화북지방이 원산지며 '고려서' 에 제사의식에 앵두를 제물로 올렸다라는 기록이 있고 조선조 태종, 세종, 성종 등도 앵두와 관련한 기록이 있어 우리나라에서도 널리 사랑받는 과일이었던 것 같다.

예쁜 여인의 입술을 앵두같다라고 표현한 것처럼 앵두는 작지만 맑고 깨끗하며 붉은색의 도톰한 모양새가 깜찍하고 사랑스러움 그 자체였나 보다.

앵두나무는 수분이 많고 볕이 잘 드는 곳을 좋아하기에 옛 동네 우물가에서 흔히 볼 수 있었다. 대중가요 '앵두나무 우물가에 동네처녀 바람났네...라는 노랫말은 우리의 조경문화를 근거있게 담아낸 한 소절임에 틀림없는 것이다. 앵두나무는 형제간에 우애를 상징하는 나무이기에 우리의 전통조경수로 사랑받았으며 빠지지 않고 식재하였다고 전한다. 돈 몇 푼에 부모 형제와 법적 다툼이 난무하는 요즘 우리들에게 시사하는 바가 크다고 생각하며 지금이라도 앵두나무 한 그루를 심어봄이 어떠할까?

(20) 대나무

벼과의 상록 교목이다. 따뜻하고 땅이 기름지며 습기가 많은 곳을 좋아한다. 전라도 담양산이 강하면서도 가공성이 좋아서 죽제품으로 가장 인기가 있었으며 중국에까지 수출되기도 하였다. 60년에 한 번 꽃을 피우고, 열매를 맺은 후 고사하고 다시 싹이 올라와 10년 후쯤에 원상태로 회복된다.

대나무의 생장은 여느 수목과 달라 죽순이 올라와 높이와 부피자람이 2~3개월 후면 결정되고 이후엔 단단해지고 속살이 더해진다. 아침에 논밭으로 일을 나가던 농부가 죽순에 벗어서 걸쳐 논 밀짚모자가 점심 때 들어오면서 가져오려고 보니 키가 닿지 않더라는 일화가 있을 정도로 생장속도가 빠르다.

죽순은 나물, 죽, 죽순주 등 식용으로 애용되고 대나무는 종이의 원료로 사용되기도 하며 해열, 진해, 거담, 지갈, 구토, 기침, 신열, 황달, 어린이 간질, 정신불안, 혈압, 노화방지 등에 약으로 쓰인다.

성현, 성군, 태평성대에 나타난다는 봉황은 대나무 열매만 먹는다하여 상서로움의 상징성을 더한다.

대나무는 꺾일지언정 휘지는 않는다하여 지조, 절개, 곧음, 푸르름, 선비정신, 정절 등의 대명사로 사랑을 받아왔다.

(21) 버드나무

능수버들, 갯버들, 수양버들, 고리버들, 왕버들 등 40여 종류가 있으며 뿌리가 물을 정화시키는 작용을 하기 때문에 우물가에 심기도 했다. 대기오염에 강하고 대기중의 오염물질을 흡착하여 대기를 정화시켜 주므로 가로수로 심어도 좋다. 왕버들은 다른 종류와 달리 부피자람이 빼어나고 수명이 길며 새순이 돋을 때는 붉은 빛을 강하게 띠어 아름답기에 정자류의 조경수로 사랑을 받아왔다.

아름다운 여인을 빗대어 버들잎 같은 눈썹, 버들가지 처럼 가늘고 유연한 허리, 여러 개의 버들가지 같은 길고 윤이 나는 머리카락 등으로 표현하기도 하고 남녀간에 먼 길을 떠날 때는 버드나무 가지를 꺾어주는 풍속이 전해져 왔다. 버드나무는 잎과 가지가 이뇨, 진통, 해열, 각혈, 감기 등에 약재로 쓰였으며 현대인에게 많이 알려진 진통제 아스피린의 원료도 버드나무 종류의 뿌리에서 추출한 것으로 알려져 있다. 버드나무에 얽힌 일화 하나를 소개하면 다음과 같다. 여자만 보면 남정네 기운을 주체하지 못하는 한 난봉꾼이 있었는데 술에 취하여 길을 가는 중이었다. 머지않은 못에서 목욕을 하고 있는 아름다운 여인을 발견하고는 한 걸음으로 내달려 덥석 끌어안고 버둥대며 기진맥진하다보니 날이 밝아왔다. 아연실색한 난봉꾼, 끌어안고 있던 것은 버드나무였던 것이다. 이후로 그는 사내구실을 못했다는 이야기가 전한다. 위와 맥을 같이 하는지 버드나무의 암꽃은 성욕을 감퇴시킨다고 하며 자손이 귀한 집에서는 버드나무 암그루를 심지 않는다고 한다.

(22) 단풍나무

낙엽성 교목이며 당단풍, 좁은잎 단풍, 섬단풍, 고로쇠나무, 신나무 등 여러종류가 있다. 이 중에서 우리나라에는 당단풍이 제일 많이 식생하며, 고로쇠나무는 근래에 뼈에 이롭다하여 약수로 애용되고 신나무 껍질은 세안약으로 이용된다. 또한 단풍나무류는 재질이 단단하여 배의키, 소반, 건축바닥재, 가구재로 쓰이며 바이올린, 비올라 같은 악기류와 스키, 테니스라켓 등 운동기구에도 사용된다. 캐나다에서는 단풍나무 시럽을 식음료 재료로 이용하며 영국에서는 사원의 단풍나무로 만든 맥주컵을 가보(家寶)로 귀하게 여기기도 한다. 우리나라에서는 지조를 중히 여겼던지라 형형색색 변하는 단풍나무를 변신, 배신의 나무라하여 천시한다는 이야기가 전해오며 묘지 주위에도 심지않는다고 하지만 관상용 정원수로 이용한 기록은 고려시대로 거슬러 올라간다.

(23) 치자나무

꽃의 생김새가 밑바닥이 둥근 술잔의 형태를 띠고 있기에 '치자(梔子)' 라고 명명하였고 치자목, 치자화, 담복(薝蔔), 산치(山梔) 등으로 부르기도 한다. 난대성 식물이기에 우리나라의 남부지역, 제주도 등에서 식생하며 6~7월에 향기 그윽한 하얀 꽃이 피고 9월에 붉은 빛의 노란색 열매를 맺는다. 꽃은 식용으로 쓰이기도 하고 열매는 염료로 이용하기도 하며 황달, 해열, 지혈, 뇌출혈, 불안, 초조, 불면 등의 치료약으로 쓰이기도 한다. 소쇄원도에는 모습을 볼 수 없으나 48영(詠)에 '대설홍치' 라는 시가 등장하는 것을 보면 붉은 빛의 열매에 살짝 주저앉은 하얀 눈의 어우러짐을 연상할 수 있다.

(24) 난(蘭)

보춘화(報春花), 난초, 녹란(綠蘭), 산란(山蘭) 등으로 불리며 제주도, 울릉도, 남부 지방에 주로 분포하여 자생한다. 상록성 여러해살이 초본이며 3~5월에 꽃이 피고 7월에 열매를 맺는다. 관상용이며 민간에서 피부제, 지혈제, 이뇨제 등 약으로 쓰기도 한다.

매화, 국화, 대나무와 더불어 사군자(四君子)로 불리우고 지조를 상징하며 학자 선비들로부터 사랑을 받아왔다.

소쇄원도에는 매대, 광풍각 옆 도오, 고암정사 앞쪽에 난초의 모습이 보인다.

(25) 연(蓮)

하(荷), 연화(蓮花), 홍연화(紅蓮花), 백연화(白蓮花), 연예(蓮蘂) 등으로 불리며 우리나라 각지의 연못 등에서 자라는 수련과의 여러해살이 식물이다. 7~8월에 지름이 15cm정도의 연한 붉은색 또는 흰색의 꽃이 피고 10월에 길이 2cm정도의 타원형 열매를 맺는다.

연꽃은 진흙탕의 더러운 곳에서 피어나면서도 더러움이 섞이지 않는 고결함의 상징으로 여겨져 많은 선비들로부터 칭송을 받아왔다. 불교에서 부처가 앉아있는 좌대를 연꽃 문양으로 장식하는 것도 위와 같은 의미이며 이상향으로 생각하는 극락정토를 '연화국' 이라고도 한다.

연은 지혈작용, 혈압강하, 담석제거, 위궤양, 빈혈, 어혈, 신경쇠약, 노화방지, 강장 등에 효능이 있어 약으로 쓰기도 한다.

소쇄원도의 입구 쪽 연못에 수련으로 보이는 그림이 나타나며 48영(詠)중 '격간부거' 라 하여 노래하였는데 부거(芙蕖)는 연꽃을 지칭하는 부용(芙蓉)의 별칭이다.

(26) (석)창포

다년생 초본으로 30cm정도의 높이에 마디가 많은 줄기뿌리로 습한 곳을 좋아하기에 연못가, 도랑가 바위틈에서 잘 자란다. 6~7월에 꽃이 피고 9월에 열매를 맺으며 향기가 나는 식물이다. 우리의 전통 세시풍속 중의 '단오날' 이면 창포물로 머리를 감고 목욕을 했다는 기록이 전하는데 이는 창포의 살균작용, 개선효과 등을 얻기 위함이라고 생각한다. 한방에서 치통, 종창, 구충, 치풍, 진정, 산후하혈 등의 약재로 이용하며 특히 머리를 맑게 해주기 때문에 수험생 등 지적 노동을 주로 하는 사람들을 위한 총명탕에 주요 약재로 쓰인다. 소쇄원 48영(詠) '격단창포' 라는 시에 등장하며 소쇄원도의 오곡문쪽 – 원규투류 – 담장사이로 흐르는 물가에 창포의 모습이 보인다.

12

늦었어야 할 대답

볼 것도 없는데 무엇이 그렇게도 유명합니까?

아빠! 이곳이 무엇하는 곳이야?

아빠! 엄마! 선생님! 소쇄원이 무엇하는 곳이에요.

현장학습, 수학여행, 문화유산답사를 위해 소쇄원을 찾은 사랑하는 딸, 아들, 제자의 질문이다. 당황스럽다. 대답을 해야하는데. 몇 가지 유형으로 나뉜다.

(1) 딴전을 피우더라. : 화장실이 급하다며 황급히 현장을 벗어난다.

갑자기 휴대전화를 꺼내어 통화를 시작한다. 화장을 고치려는 것처럼 핸드백을 뒤적이며 한켠으로 빠져나간다. 고개를 들어 하늘을 보더니 날씨 얘기를 꺼내어 화제를 바꾼다.

(2) 책임회피를 하더라. : 현장에 도착하여 인솔은 커녕 학생들을 방치한 채 자판기에서 커피만 뽑아 마시더라. 왜 하필이면 답사 때 할 얘기가 그리도 많은지 학생들에게 둘러보라고 얘기해놓고 선 채로 계모임을 하더라. 엄마는 아빠에게 아빠는 엄마에게 대답을 들어라며 떠넘기더라.

(3) 면박을 주더라. : 별 것을 다 물어본다. 이상한 것만 물어본다라며 오히려 언성을 높인다. 인터넷 검색 등 준비도 없이 왔느냐며 꾸중을 한다. 학교에서 배웠을텐데 모른다며 윽박지른다.

(4) 용감무쌍 하더라. : 이해는 간다. 대답은 해야 하고, 내용은 모르고, 체면 유지는 해야 하고. 그렇다고 사설을 늘어놓거나 왜곡된 내용을 말하여 악순환의 단초를 만들면 어쩌자는 것인가?

양반들이 풍류를 즐겼던 곳이란다. 유배(귀양)와서 살았던 곳이란다. 양반들이 모여서 시를 짓고 글을 썼던 곳이란다. 양반들이 별장처럼 사용했던 곳이란다. 심지어 생산활동은 커녕 가렴주구의 원흉이요 사회에 해악을 끼치는 부류로 폄훼하는 이분법적 흑백논리를 내세우는 이가 적지 않았다. 필자는 이렇게 생각한다, 엄밀히 얘기하면 학자선비와 양반은 구별되어야 한다는 것이다. 물론 학자선비가 양반층에 포함되기는 하지만 계급계층, 권력 구조적 측면에서 살펴본다면 그렇다는 것이다. 따라서 정자류에 몸담았던 학자선비의 행위는 사회구성원으로서 역할분담으로 이해하는 것이 합당하다고 생각한다. 모두 다 생산현장에 투입되어서도 안 되고, 학문연구 활동만 한다고 해서 국가사회가 유지될 수도 없는 것이다.

일부는 논밭 갈아 생산활동을 하고 일부는 이론적 토대 만들어 국가경영과 발전계획을 제시해야 하지 않는가?

자! 이제 간단명료하게 대답을 해본다. 소쇄원은 조상들이 공부했던 곳이란다. 소쇄원은 조상들이 학문을 연구했던 곳이란다. 부차적으로 풍류도 즐기고, 시문도 짓고, 학동들도 가르치고, 별장처럼 이용하기도 했다. 하지만 주요 쓰임새는 학문연구다. 이에 대한 근거가 소쇄원 목판도에 드러나 있다. 문패 앞에 새겨진 나무가 학문을 상징하는 측백나무다. 이 책의 앞표지를 보면 제목 앞에 측백나무를 새겼는데 이 또한 같은 의미에서다.

자! 엄마, 아빠, 선생님 의기소침 하지 마시고 힘내세요. 배운적도 없고 가르친 적도 없으니 너도 모르고 나도 모르는 것이 어쩌면 당연한 일인지도 모릅니다. 그럼 어떻게 해야 할까요? 일제강점기 이후 사라진 우리의 학문, 문화에 대한 교육을 해야만 하지 않을까요?

– 동입서출(東入西出) : 궁궐, 서원, 향교, 사당 등을 드나들 때 출입문이 세 칸 또는 계단이 세 개로 되어있는 것을 볼 수 있을 것이다. 가운데 문이나 계단은 절대자, 신, 왕이 이용하는 곳이기에 이용을 삼가는 것이 상례다. 일반인들은 들어갈 때는 동쪽, 나올 때는 서쪽을 이용하는 것이 옳다.

– 건물, 집의 칸 수 : 한옥구조의 크기를 나타낼 때 대체로 3칸, 5칸, 99칸 등으로 나타내는데 이 때 칸 수는 방의 갯수가 아니라 기둥과 기둥사이를 말한다. 한 칸은 대개 7자(2미터 남짓)여를 말한다.

– 일본식, 중국식 정원과의 차이점은 무엇인가요? : 민간정원, 정원, Garden 등으로 통용되다보니 이해의 혼란을 가져온 것이라 생각한다. 특히 조경학계에서 우리에게 맞는 용어를 고민하다가 일본의 '정원' 을 차용하여 사용하던 것이 널리 쓰이게 된 것이라고 들었다. 규모면에서 보면 중국은 거대지향적이라 할 수 있다. 건축, 조경 등

구성요소가 그렇고 공간적 범위도 그렇다. 일본은 축소지향적이고 인공미를 최대한 살려 자연을 가까이서 즐기기 위해 조성한다. 따라서 공간적 규모도 작고 인위적이며 사람이 그곳에 깃들어 활용한다는 것은 맞지 않다. 용어 사용의 부정확함에서 야기된 혼돈이라고 생각하며 우리의 경우에는 정자류, 원, 원림으로 부르면 될 것이다. 다만 그곳을 구성하고 있는 요소들을 주목하는 것이 보다 중요하고 그럼으로써 비교적 정확한 이해를 하게 될 것으로 생각한다. 특징적인 점을 보면 공간적으로 중국보다는 작고 일본보다는 큰 중간적 범위이고 최소한의 인공을 가미하고 최대한으로 자연을 살려 자연과 인간의 조화상생을 꾀했다는 점이 차별적이며 우수함이라고 할 수 있다.

13

여백인 듯 아닌 듯

한국문화의 정취는 낮3 밤7이다.

밤의 정취를 모르면서,

밤을 지새워보지 않고서,

밤에 묵어보지 않고서,

그 곳을 안다고 말하는 것은 거짓말이다.

어느 때가 제일 좋습니까?

365일 x 24시간 ...

한국문화의 정취는 낮3 밤7이다.

낮은 지나치게 밝아서 사물 특히 산, 나무, 지붕 등의 아름다운 곡선이 거의 드러나지 않는다. 또한 기계소리, 자동차 소음, 사람들의 활동소리 등 사람의 신경을 자극하는 온갖 소음이 난무한다.

이에 반해 밤은 기운이 안정되고, 달빛 별빛과 어우러지는 아름다운 곡선은 보는 이의 마음을 차분히 정리해준다. 또한 낮엔 들리지 않던 자연의 갖가지 소리들(물소리, 바람소리, 풀벌레소리, 대밭에 깃든 새들 소리 등)이 유난히 또렷하게 들린다.

거기에 휘영청 떠오른 달빛이 격자문에 닿아 한 폭의 수묵화를 선물하기도 한다. 그중에서도 바람에 가냘프게 떨리는 나뭇잎 수묵화는 가슴에 사무치더라.

어느 곳을 탐방할 때 가능하다면 밤 시간을 청해보시라. 촛불을 마주하니 맑은 생각이 떠오르고, 찻잔 속을 맴도는 매화 향기에 시문이 흘러나오는 것은 바로 '자연의 선물' 아니겠는가?

하여 어떤 곳을 얘기할 때 밤을 접해보지 않고서, 밤을 지새워보지 않고서 '안다' 라고 말하는 것은 어불성설(語不成說)이다.

정자류의 운치를 얘기하면서 어느 때가 좋습니까?라는 질문을 많이 받는다. 필자는 주저 없이 '365일 24시간 모두 다 좋습니다.' 라고 대답한다. 시시각각 천변만화의 맛과 느낌이 다르고 다양하기에 지극히 마땅한 말이라고 생각한다. 기필코 예를 들어주기를 원한다면 이렇다.

(※37) 청매화에 초승달이 내걸릴 때

회화나무 꽃이 쌀가루 되어 땅바닥에 드러누울 때

(※38) 산수유에 반달이 포개어질 때

타닥타닥 소리를 내며 타들어가는 장작을 보고있을 때

(※39) 치자꽃에 달빛이 젖어들 때

그믐밤 대금소리가 바람에 실려올 때

(※40) 굴뚝을 빠져나온 연기가 땅바닥에 드리울 때

보름달이 구름사이로 들이밀거니 숨거니 할 때
봄날 어둑할 즈음 마삭줄 꽃 향기가 바람타고 퍼질 때
이슬비에 거문고 가락 안길 때
숲을 헤집고 나온 보름달이 처마끝에 노니다가 대숲끝으로 떨어질 때
(※41) 홍도화가 이슬을 품었을 때
붉게 물든 단풍잎이 계곡물에 어리비칠 때
(※42) 산사꽃이 해거름녘 바람에 살랑거릴 때
기왓장에 핀 이끼가 물기를 머금었을 때
(※43) 배롱꽃이 물 위에 무더기로 떠 있을 때
낙엽이 바람타고 땅바닥에 나뒹굴 때
반딧불의 궤적과 나무의 형상이 겹쳐 마음에 찍힐 때
파스텔톤의 이른 아침에 물안개 피어오를 때
졸졸거리는 물소리로 인해 일엽편주(一葉片舟)에 누워있는 느낌이 들 때
산수유 열매가 눈을 보듬었을 때
가을 저녁 산들바람에 대잎이 사각거릴 때
(※44) 파초잎에 부딪친 빗방울이 은구슬 되어 굴러 떨어질 때
여명에 새들이 퍼덕거릴 때
(※45)(※46) 봄비에 영산홍 자산홍이 뚝뚝 떨어질 때
딱딱딱 따따따 다다다다다다.. 맛나게 먹이를 취하는 딱따구리의 소리가 들려올 때
(※47)(※48) 쪼르르르... 우려낸 차가 다관에서 찻잔에 떨어지는 소리를 들을 때
눈 쌓인 겨울 밤 촛불아래 찻잔속의 옥매화가 방긋 터질 때
봄날 찻잔에 청매화 홍도화 띄워 다담(茶談) 나눌 때
이른 아침 새들의 재잘거리는 소리가 음악이 되어 날아올 때
나뭇가지에 쌓였던 눈이 바람에 눈씨 되어 흩날릴 때
(※49)만개하기전 자목련에 이슬방울이 맺혔을 때

비갠 뒤에 햇살이 나뭇잎에 쏟아질 때

(※50)봄바람에 살구꽃이 흩날릴 때

칠흑같은 밤 폭포수가 봉황이 되어 날개짓 할 때

함박눈 퍼붓고, 눈이 쌓여 행인(行人)이 없을 때

푸르고 곧기만 하던 대나무가 휠 줄도 알고 꺾일 줄도 알더라. 눈이 쌓여 얼어서 무게를 감당키 어려울 때 대나무는 굉음을 내면서 꺾인다. 자신의 지조를 삼라만상에 고하는 듯.

그렇지만 최고의 정취는 태풍이 불고 장대비 몰아칠 때다.

저리도 큰 대나무가 땅에 닿도록 휘면서 물결 되어 출렁이고 대자연이 깨질 듯 폭발할 듯 으르렁거린다.

암키와 골을 타고 흘러내리는 빗창살에 구들방 불지피고 앉아있으니 이 곳이 선계요 신선이로다.

가슴이 후련하며 정신이 상쾌해진다.

※37

※38

※39

※40

※41

※42

※43

※44

※45

※46

※47

※48

※49

※50

14

21C 문화자원 시대를 예비하다

문화유적에서 잘 수 있습니까?
방에 들어가서 차 한잔 하고 싶습니다.
우리의 조상들은 500년 후를
내다보시고 문화자원으로 활용하라고
남겨 주셨건만 ...

우리나라 어느 지역을 가더라도 비교적 어렵지 않게 접할 수 있는 것은 서원, 향교, 정자류이다. 그중에서도 제사기능을 하지 않고 교육과 학문연구 그리고 격조 높은 문화생산과 문화향유를 했던 곳은 정자류다. 어디 이것 뿐이겠는가? 학덕이 높은 사람들이 나라를 이끌어 가는 시대인지라 오거니 가거니 하면서 학문의 깊이도 더하고 나라를 이끌어가기 위한 지혜를 빌리며 경세를 위한 협력의 장소 역할도 했을 것이다. 이런 빼어난 문화자원을 방치한다는 것은 조상의 얼을 외면하는 것이고 교육의 공간을 사장화 하는 것이며 국내외 사람들과 문화교류를 위한 더 없이 좋은 기회를 상실하는 것이다. 기존의 관람방식 위주의 활용보다는 실제적인 문화체험, 교육, 학술행사 등 살아있는 공간으로 활용을 하는 것이 시급하고 중요하다고 생각한다. 여기에 음악, 미술이 결합되는 정서함양 및 동호인 공간으로 활용을 권할 만하지 않을까? 또한 다문화 가정, 주한 외국인(대사, 영사, 교수, 기업인, 학원 강사, 유학생 등)을 대상으로 프로그램을 진행한다면 우리나라의 위상 향상은 물론이고 관광산업, 민간 교류, 비즈니스 등에도 소기의 성과가 있을 것이다. 필자의 경험에 비춰보면 정자류를 관광하는 외국인들 중 상당수가 자국에서 사회적으로 지도자적 위치에 있음을 알 수 있다. 그 중의 다수는 관광차 들른 정자류의 내용과 한국의 전통건축(특히 뜨끈한 구들방), 전통조경수의 상징성, 알려진 작품 및 주요 인물들의 비교(정약용과 레오나르도 다빈치, 임억령과 셰익스피어, 춘향전과 로미오&줄리엣)등에 많은 관심을 갖기도 하였다. 거기에다가 소쇄원에서 촬영했던 다모, 대장금, 춘향전, 청풍명월, 영원한 제국, 귀천도, 스캔들 등에 대해 언급했더니 믿어지지 않는다며 좋아서 어쩔 줄 몰라하더라. 그 당시 영화 '스캔들' 의 주인공이 마루에 앉아 취한 자세를 재현해 보였더니 일본 중년 여성 관광객이 이리 저리 자세를 고쳐가며 연신 사진을 찍던 모습이 지금도 눈에 선하다. 이처럼 빼어난 문화자원을 방치하고 훼손멸실을 가속화 하는 것은 그 어떤 미사여구(美辭麗句)를 늘어놓아도 변명이 될 수 없다. 활용하자! 문화자원!

15

언제까지 박제화 할 것인가?

살아서 꿈틀거리는 생명력 있는 곳으로 만들어야 한다.

사람이 깃들어 살아야 하고

손님맞이도 하고

교육, 체험의 장으로 활용해야 한다.

올라가지 마시오. 신발을 벗고 올라갑시다. 이것이 지금도 우리나라 건축문화재 관리보전의 현주소다. 한국의 전통 건축물인 정자류는 나무, 흙, 돌이 주요 재료다. 그리고 대부분이 온돌방(구들방) 구조로 되어 있다. 아궁이에 나무로 불을 지펴 온돌을 덥히면 방이 따뜻하여 난방이 되고 습기 제거, 살균, 방충 및 연기로 인한 그을음이 탄소피막을 형성함으로써 길게는 1,000년을 이어 갈 수도 있다. 덧붙여 집안의 잡기들을 모아 태워서 허공에 날려 보낸다는 상징성을 갖기도 한다. 오래 전에 시골집 부엌을 현대식 주방으로 개량하는 공사를 할 적에 뜯어 놓은 새까맣게 그을린 서까래를 본 적이 있다. 그을음을 벗기고 보니 불그스레한 빛깔을 띠고 광택이 나며 단단하기가 이루 말할 수 없더라. 불을 때면 연기가 나오는 것은 당연한 일이다. 불을 지피는 것이 신기하기도 하고 의아스러워 묻기도 하는 사람들도 많다. 이들에게 상기의 이로운 점을 얘기해주면 고개를 끄덕이며 고마워하고 위로와 감사의 말이 건네온다. 필자 또한 뿌듯하며 문화민족의 후예로서 긍지와 자부심을 느꼈을 상대방을 생각하면 미소가 번진다. 하지만 드물지 않게 많은 수의 관람객들이 건축문화재인 정자류 아궁이에 불을 지피니 나무가 연기에 그을려 보기에 흉하다고, 문화재를 파괴한다고 모욕적인 언행을 하기도 한다. 심지어 문화재를 담당한다는 공무원들도 별반 다르지 않더라. 표면적으로는 화재가 우려된다는 이유를 내세우지만 업무상 최소한이라도 관리형식을 취해야 하는데 그것이 귀찮고 싫어서는 아닌지? 아니라면 내용도 모르면서 항의성 전화를 해대는 민원아닌 민원에 대해 이해 설득시킬 능력이 없어서 종로에서 뺨맞고 한강에서 눈 흘기는 꼴은 아닌지? 진정성에 대해 의구심을 떨칠 수 없다. 필자의 의구심이 더 더욱 신빙성을 갖는 근거가 있다. 전남 담양군 남면 광주호 상류쪽 가사문학관 인근에 '식영정' 이라는 전라남도 기념물 제1호가 있는데 최근 '명승' 국가문화재로 지정되었다. 축하할 일이다. 이백을 능가하고도 남음이 있는 대시인 석천이 거처하였고 송강이 세계적 자랑거리인 한글로 '성산별곡(星山別曲)' 을 토로한 곳 아닌가? 이에 더하여 서하, 제봉이 마음을 나누며 노닐었으니 사선정(四仙亭)이라. 자! 그런데 살펴보자. 식영정은 목조 건축문화재요 구들방 구조다. 상기의 이로운 점을 살리기 위해 아궁이에 불을 자주 지펴주어야 한다. 그런데 웬일인지 멀쩡하던 아궁이를 수 년전에 막아서 없애 버렸다. 문화재 관리보전을 위해 시급한 복원을 수차례 얘기했으나 돌아오지 않는 메아리였다. 방으로 들어가 보시라. 방바닥과 벽면이 온통 곰팡이고 퀴퀴한 썩은 냄새가 진동을 한다. 아마도 속은 이미 썩었을 것이다. 이러한데 '명승' 국가문화재라니 지나가던 소가 웃을 일이다. 요즘들어 부쩍 '국격', '국격' 하던데... 국격 원치 않으니 제발 국민들을 조롱거리로 만들지 말아달라. 관계기관은 이 사실을 알았는지 몰랐는지. 화재가 그렇게도 염려된다면 문화재 보호법의 규정대로 예산 책정하여 상시 관리보전 정책을 시행하면 될 일 아닌가? 훼손 멸실시 재건축 비용, 역사적 가치, 제대로 된 안내 및 손님맞이 등을 비용으로 환산하면 현실적으로 훨씬 이득이 될 것이다. 건축문화재는 최대한 사람이 살 수 있도록 유연한 정책전환을 고려해야 한다. 청소 말끔히 하여 모셔 놓는 것이 문화유적에 대한 최선책인가? 아니다. 남녀노소가 내외국인이 품격높은 내용을 가지고 하나되어 배우며 향유할 수 있는 공간으로 쓰여질 때 그 때 비로소 문화유적이 살아 숨쉬는 생명력을 지니게 될 것이다. 목조문화재인 궁궐, 서원, 향교, 정자류는 특히 그렇다.

16

관리보전에 관하여

제대로 알고
의미롭게 활용하고
관리보전을 잘해서 후손에게 물려주어야 한다.
정규 교과목 개설을 통한 '문화교육'과
'문화 전문 인력양성', '문화전담 공무원 제도'가
이루어져야 한다.

오랫동안 역사문화유산 현장에 묻혀 살다보니 많은 내용을 접하게 되었으며 빼어난 우수성도 알게 되었다. 문화시대 도래와 함께 많은 탐방객으로 인해 훼손멸실의 가속화, 사유재산권 침해, 사생활 침해, 관리보전의 부실 등 부작용이 속출하였다.

이의 원인을 고민하여 해결책 및 대안을 제시하는 것이 우리의 과제라 생각하며 국가, 탐방객(국민), 문화유산 소유자(개인, 문중), 문화유산 관계자(전문가, 학자, 해설사)등의 입장 및 관점에서 살펴보겠다.

(1) 국가

문화유산의 문화재 지정과 해제, 활용, 유지관리, 보수 등 주요 정책 및 행정의 주체다. 문화재 보호법을 근거로 주요 행정행위가 이루어지는 것으로 알고 있다. 그런데 문화재 보호법이 일제시대에 제정되어 시대적 흐름을 제대로 반영하지 못하고 헌법에 규정된 사유재산권, 사생활 보호, 문화생활권 등과 배치되는 내용이 상당히 있는 것으로 안다.

하루빨리 법률 개정 및 시행령 제정을 통해 합리적 정책 수행과 국가의 역할을 기대해 본다. 또한 기존의 문화유산 정책은 대부분 사후관리 위주인 것으로 안다. 사전관리 및 예방정책 위주의 정책전환이 시급히 이루어져야 한다. 훼손멸실 등으로 존재가 사라진다면 역사가치적 의미가 거의 상실되지 않는가? 문화유산은 역사성, 상징성이 가치요 생명 아닌가? 복원된 문화유산은 별 감흥을 주지 못하더라. 오죽했으면 사후약방문이라 했겠는가? 이를 위해서 최우선적으로 시행되어야 할 것은 전문가 양성 및 현장 배치다.

수 년 전의 모(某) 상품 광고 문구가 떠오른다. 나는 프로다. 프로는 아름답다. 그렇다. 프로를 양성하라는 말이다. 오랫동안 현장에서 역량을 함양한 분들을 모신다는 것은 쉽지 않을뿐더러 절대적 숫자도 부족할 터이니 차선책이라도 시행하라는 것이다. 이론 공부만 되어있는 사람, 학문적 연구를 주로 하는 사람은 관련 분야 학자이지 여기서 얘기하는 전문가, 프로가 아니다. 여기서 말하는 전문가, 프로는 이론적 토대를 지니면서 현장 공부가 되어있는 사람을 지칭한다. 방점은 후자다. 요즘 종종 듣는 표현을 빌린다면 멀티플레이어(multiplayer), 멀티소스 멀티유스(multisource multiuse), 팔방미인을 의미한다. 필자의 경험에 의하면 10년이 지나면서 모기소리 정도로 자신의 목소리가 나오기 시작하더라. 그리고 문화유산 관련 업무를 담당하는 공무원들에 대한 체계적인 연수도 필요하다고 생각한다. 일반행정 위주의 업무를 담당하다가 순환보직에 의해 업무수행을 하다보니 본의아니게 왜곡된 행정행위가 발생하여 역사적, 재정적, 교육적, 사회적 폐해를 초래하는 경우를 종종 본다. 이 글을 쓰고 있는 현장도 복원이 잘못 된 채로 세월만 흐르고 있다. 그러다가 50년이 지나면 문화재로 등록할 요량인지 의구심 마저 든다.

그럴 경우에 복원된 건축물은 그렇다 하더라도 역사적, 주변환경적 요인이 가치가 있어 문화유산으로 소중히 여겼을 본래의 터는 어쩔 셈인가? 필자의 판단으로는 건축물은 훼손멸실이 될 수 있고 새로 축조가 가능하지만 터는 그와 다르고 영구적 보존가치가 있기에 더욱 중요하게 대해야 한다고 생각한다. 결과적으로 복원이라는 명분을 내세워 국가가 앞장서서 역사문화유산을 파괴하고 왜곡하는 사례가 아닌가? 여러 차례 왜곡의 시정을 건의했건만 묵묵부답이다. 잘못된 행정행위에 대한 비난과 책임소재가 두렵기 때문인가?

한 치 앞도 보지 못하는 것이 인간이요 결점투성이가 인간 아닌가? 그만큼 실수도 많이 할 수 있다는 말이다. 고의가 아닌 이상 실수를 인정하고 재발방지를 약속하면서 잘못을 바로 잡는다면 국민은 위로와 격려의 박수를 보낼 준비가 되어 있다.

(2) 국민(탐방객)

문화유산의 주인으로서 권리와 의무 의식을 가져야 한다. 문화민족의 후예라는 긍지와 자부심을 지니시라. 물질문명을 소홀히 하여 서구 제국에 비해 잠시 주춤하고 있지만 세계사적 흐름은 이미 우리를 향하고 있다. 우리는 지구상의 어느 민족, 국가보다도 길고 찬란한 역사문화를 지니고 있다. 그 증거를 보라. 세계의 중심이라는 중원을 일찌기 호령하였고 지구가 원형이네 사각형이네 하며 싸우고 사람이 죽어나가기 훨씬 이전에 우리는 연구대상이 우주였으며 많은 산물을 만들어냈다.

발효음식, 한옥, 도자기, 금속활자, 신기전, 한글, 거북선 등.

땅을 파면 수 천 년전 도구와 생활용기가 나오고 금관과 악기가 등장하는 등 우리의 문화 저력은 이미 하늘을 찌르고도 남음이 있다. 원유 나오지 않는다고 한탄말라. 곧 고갈되며 우주 오염의 대명사 아닌가? 산업단지 세워 달라고 몰아세우지 말라. 땅을 파면 나오는 산업쓰레기 때문에 잠 못 드는 나라도 있다. 과유불급(過猶不及)이라. 지나친 자신감에 세계사적 흐름을 외면한 사이 외침을 당하여 고통을 겪기도 했으나 슬기롭게 시련을 극복하고 국운을 회복하고 있지 않는가? 자! 지금이다. 마치 우리를 위해 예정된 듯한 세계사적 흐름을 외면하거나 미온적 태도를 취한다면 돌이킬 수 없는 불행과 회한을 남길 것이다.

늦었지만 준비해야 한다. 우리의 의식을 다잡고 격조높은 문화적 소양과 역량을 쌓고 자연과 조화를 고민하며 세계인과 협력 상생하는 방법을 모색해야 한다. 내가 아둔하여 깨닫지 못할 뿐 실행할 기회는 이미 내게 와 있다. 우리의 부끄러운 자화상을 몇 가지 소개한다.

유원지인지 유적지인지 구분을 못하고 삼겹살 굽고 소주병 기울이더라. 심지어 화투판까지 벌이더라. 정자류는 물론이고 문화유산 권역에서는 음식물 취식을 삼가 해 주시길 바란다. 정자류에서 취식을 하면서 음식물을 흘리면 벌레들이 음식물 뿐만아니라 나무까지 갉아 먹기에 훼손을 가속화하며 냄새가 배기도 한다. 또한 외국 탐방객도 많은데 미관상 좋지않으며 이미지를 실추시키기도 한다. 국가에 음식물 취식이 가능한 편의시설 설치를 요구하고 국가는 공공서비스 정책 실행 차원에서 적극 검토하여 집행하기 바란다. 하기야 화장실 없는 곳도 부지기 수인데 말해야 무엇 하랴만.

건축물은 물론이고 조경수, 심지어 기왓장까지 온통 낙서로 점철되어 있다. 감흥을 견디지 못해 시문을 짓고 싶거나 불현 듯 애인 생각에 글을 남기고 싶다면 방명록을 이용하시라.

쓰레기, 담배꽁초를 버리는 것도 모자라 돌담, 석축, 나무 틈 등에 끼워 넣는 경우도 많더라. 가능하면 쓰레기 통이나 아궁이에 버려주시고 그냥 버리고 싶다면 땅에 버리세요.

감, 살구 등 과일 떨어져라고 나무를 발로 차거나 올라가 가지를 꺾는 사람도 가끔씩 있더라. 사람이 없을 때, 누가 보지 않을 때 따서 맛있게 드시되 나뭇가지 꺾거나 발로 차지 마세요. 소중한 전통조경수는 물론 따 드실 과일마저 없어집니다.

신기해서인지 좋아서인지 어른이건 아이건 마루나 방에서 펄쩍펄쩍 뛰더라. 오래된 건축물이어서 마루판이나 구들장 내려앉을 수 있습니다. 보수비도 들겠지만 자칫 다리가 부러질 수도 있습니다.

제발 고성방가는 삼갑시다. 정취가 사라짐은 물론 다수의 탐방객들에게 심히 방해가 됩니다. 문화유적지 탐방을 왔으니 본래의 쓰임새처럼 조용조용히 심신수양의 자세로 임했으면 좋겠습니다.

사진 찍겠다고 담장에 걸터앉지 마세요. 다치고 기왓장 깨지고 담장 무너집니다.

사진 작가분들 흙묻은 신발을 신은 채 마루건 방이건 올라가 사진찍지 마세요. 이러할진대 무슨 예술작품이 나오겠습니까? 가당치도 않죠. 많이 줄었습니다만 지금도 가끔씩 눈에 띄기에 경계삼고자 하는 말입니다.

적극적인 자만이 세상을 통째로 가질 수 있다. 문화유적을 탐방왔다면 적극적으로 청하여 안내도 받고 방에 들어가 차도 마시고 연이 깊어지면 묵어갈 수 있도록 하세요.

(3) 문화유산 소유자

정자류는 대부분이 개인 또는 문중 소유이고 실제적인 관리도 한다. 노고에 심심한 위로와 감사의 말씀을 드린다.

하지만 다수의 탐방객들로 인해 훼손멸실과 경상관리가 훨씬 더 힘들어진 것은 사실이다. 관리보전을 위한 체계적인 행정적 재정적 지원을 국가에 요청하시기 바란다.

입장료를 징수하는 곳은 관리보전, 활용, 탐방객들에 대한 서비스에 좀 더 세심한 고민이 있어야 한다고 생각한다. 선대에 물려 받은 유산이 많은 사람의 사랑을 받는 것은 가문의 영광이요 긍지와 자부심일 것이다.

한편 문화유산은 비록 소유권이 개인, 문중에 있다고 하더라도 우리의 공공유산이요 국민 모두가 주인이다. 지나치게 소유권을 앞세워 탐방객들에 대한 서비스 등 배려는 뒷전이고 입장료 수입과 각종 수익사업에만 치우친다면 가문의 수치는 물론이고 조상을 욕보이는 것이며 공공성 외면에 대한 비난을 면치 못할 것이다. 나아가 탐방객들의 발길은 끊길 것이고 소유자는 물론이고 지역적, 국가적 손해도 상당할 것이며 국가 이미지도 상당한 타격을 받게 된다. 기우(杞憂)에서 몇 자 적어 봤으나 세상인심은 무서운 것이니 소홀한 점은 없는지 소유자와 국가기관은 재삼 살펴보시기 바란다.

(4) 관계자(전문가, 학자, 해설사 등)

비교적 내용을 정확히 아는 사람들이다. 문화유산 제일선에서 실무적으로 제일 중요한 역할을 하며 탐방객들과 밀접한 관계가 형성되기도 한다. 이들이 앞장서 제대로 된 정책제안과 집행 및 사후관리 등에 비판과 감시 기능을 해야한다. 또한 국내외 탐방객들에게 올곧은 안내와 교류의 매개자 역할이 기대되기도 한다. 이들에 의해 우리 문화에 대한 이해와 지역, 국가 이미지가 긍정적 또는 부정적으로 결정된다고 해도 과언은 아닐 것이다. 국가, 지방자치단체는 이들의 역할을 충분히 끌어내기 위하여 생활보장은 물론 질적 수준 향상을 위해 통 큰 투자를 해야만 한다. '한국 방문의 해' 라고 천 만번 외치고 온 땅을 포스터로 도배하고 홍보비 수 천억원 써봤자 별 실효를 거두지 못할 것이라고 단언한다.

수 년전 독일인 신학대학교 교수부부가 소쇄원을 탐방하러 왔다가 안내를 요청하기에 자리를 한 적이 있다. 설설 끓는 구들방으로 초대하여 차를 내어 마시며 한국의 전통차와 유적에 얽힌 내용을 들려주니 감동하며 여러 번 사양했건만 차 값에 보태라며 돈을 놓고 가더라.

수 년전 세계3대 식물원중 하나인 LA카운티 식물원장이 예일곱의 일행들과 소쇄원을 탐방하던중 필자에게 안내요청을 하기에 우리의 원림에 대한 얘기를 들려주었다. 여러 차례 강연으로 인해 피로가 쌓여서 휴식이 필요하다고 사양했으나 안내설명의 절실함을 얘기하더라. LA카운티 식물원에 중국, 일본식 정원은 조성되어 있으나 한국식 정원은 없어서 9,000m^2(약 3,000평)의 규모로 조성하려던 차에 내용을 알고 조성하는 것이 한국에 대한 결례를 범하지 않고 시행착오를 줄일 것이라 생각되어 창덕궁 후원을 들러 소쇄원에 왔다는 것이다. 역시 원장 할만한 자격이 있는 분이더라. 지성이면 감천이라. 필자의 마음이 동하고 고맙기까지 하더라. 하여 초겨울 쌀쌀한 날씨임에도 불구하고 선 채로 3시간을 얘기했는데 도중에 beautiful, wonderful, surprise를 연발하며 탄성을 지르더라. 얘기가 끝난 후 식사를 제의하기에 피곤하여 사양했더니 극구 사양에도 아랑곳 않고 당신의 마음이라며 돈을 놓고 가더라.

중요한 것은 '감동'이다. 오지 말라 해도 온다.

맺으며

그리 길지 않은 세월인데 많은 이야기가 배어 있음을 알았다. 필자의 얘기를 한 마디도 놓치지 않겠노라고 눈을 반짝이던 수 많은 얼굴들이 스쳐간다. 그중에서도 사상사(思想史)를 전공하신 원로 석학들께서 부족하기만 하던 필자의 얘기를 곧은 자세로 끝까지 경청하시며 의문사항에 대해 질문을 하시는 등 진지한 모습에 사뭇 옷깃이 여며졌다. 진한 감동이었고 생생한 모습으로 기억되고 있다.

문화유적 현장에서 먹고 자고 놀다보니 그 무엇보다도 그 누구보다도 정확한 내용과 데이터가 육감(六感)으로 형성되더라.

외국인을 포함한 탐방객들 중에는 문화유적에서 숙박하기를 청하는 상당수가 있었다. 그 곳의 역사성과 한국전통건축의 맛을 온전히 느끼고자 함이리라. 또한 우리의 역사성, 지역성을 흠씬 맛볼 수 있는 식당을 소개해 달라는 요청도 부지기수였다.

미안하고 안타까운 마음에서 유관기관에 제안도 하고 기획서를 건넨적도 있었으나 문전박대(門前薄待)만 반복되더라. 그 이후 유유자적(悠悠自適)하며 지내는데 최근들어 한옥마을이네, 한옥단지 조성이네 하며 부산한 것을 보니 격세지감(隔世之感)이 느껴지며 그나마 다행이라는 생각이 들었다.

십 여년째 문화유적에서 보름달 모임을 해오고 있다. 매월 음력 보름밤이면 몇 명을 초대하여 문화관련 공부도 하고 각 자의 관심사를 주고 받기도 하고 세상일 돌아가는 얘기며 선현들의 지혜를 체득하는 의미로운 자리이다. 때로는 우리의 소리가 곁들어져 한층 맛을 더한다. 우리는 박제화한 문화유산에 생명력을 불어넣으며 살아서 꿈틀거리는 모습으로 바꾸고 있다.

참고문헌

강신표 외, 한국문화상징사전1, 동아출판사, 1992

강우방 외, 한국문화상징사전2, 두산동아, 1995

강판권, 어느 인문학자의 나무 세기, 지성사, 2002

강희안, 양화소록, 을유문화사, 1973

고영진, 호남사림의 학맥과 사상, 혜안, 2007

김덕진, 소쇄원 사람들, 다할미디어, 2007

김태정, 한국의 야생화, 교학사, 1993

김태정 · 신재용, 우리 약초로 지키는 생활한방1 · 2, 이유, 2001

광주광역시 북구, 광주호 주변 무등산권 문화유산 기초조사 보고서, 2000

광주직할시, 누정제영, 1991

담양군, 담양권 가사와 그 유적의 조사분석 및 활용방안의 연구, 2000

민경현, 한국정원문화1 · 2, 예경산업사, 1991

박상진, 궁궐의 우리나무, 눌와, 2001

박선홍, 무등산, 다지리, 2003

소쇄원시선편찬위원회, 소쇄원시선, 1995

손오규, '무이도가' 와 '도산십이곡' 의 비교연구, 한국문학논총 제38집, 2004

유홍준, 나의문화유산답사기1, 창작과 비평사, 1993

이상희, 꽃으로 보는 한국문화1 · 2 · 3, 넥서스, 1998

이유미, 우리나무 백 가지, 현암사, 1995

이을호 외, 유학사상, 광주직할시, 1994
이종호, 정암 조광조, 일지사, 1999
정동오, 한국의 정원, 민음사, 1986
정두희, 조광조, 아카넷, 2000
정옥자, 우리선비, 현암사, 2002
조종업, 정암선생문집, 경인문화사, 2004
천득염, 한국의 명원 소쇄원, 발언, 1999
필암서원, 하서전집, 1993
한국문화유산답사회, 답사여행의 길잡이5, 돌베개, 1995
허균, 한국의 정원, 다른세상, 2002

저자 소개

저자 이동호는 전남 담양에서 태어나 지금도 담양지역의 정자류를 벗삼아 지내고 있다. 한옥 관리보전의 시작이요 끝은 '사람이 사는 것이고 아궁이에 불때기' 라는 확고한 신념으로 이를 20년 가까이 실행하고 있다. 또한 탐방객들을 대상으로 정자류 및 한국 전통문화에 대한 강연과 전통차를 내며 손님맞이를 하고 있다. 이 책은 현장에서 체득한 내용을 담담히 그려냈으며 이를 토대로 우리나라 각 지역에 산재한 서원, 향교, 원림, 정자류와 궁궐을 이해하는데 상당한 도움이 될 수 있을 것으로 확신한다.

저자 이메일 : hayeoga3@naver.com / hayeoga1@hanmail.net

소쇄원(瀟灑園)의 숨은 그림 찾기
하나를 통해 전체를 안다

2010년 11월 20일 인쇄
2010년 11월 28일 발행

저 자 이 동 호
발행인 김 윤 수
발 행 전남대학교출판부
500-757 광주광역시 북구 용봉로 77
등 록 1981. 5. 21 제53호
TEL. (062) 530-0571~3 FAX. (062) 530-0579
http://altair.chonnam.ac.kr/~cnup
ISBN : 978-89-7598-866-0(03090)

값 15,000원

이 도서의 국립중앙도서관 출판시목록(CIP)은 e-CIP홈페이지(http://www.nl.go.kr/cip.php) 에서 이용하실 수 있습니다. (CIP제어번호: CIP2010004183)